Ueli Zwimpfer

Den inneren Weg gehen

Ueli Zwimpfer

Den inneren Weg gehen

Christliche Kontemplation

Fromm Verlag

Imprint

Publisher:
Fromm Verlag
is a trademark of
International Book Market Service Ltd., member of OmniScriptum Publishing Group
17 Meldrum Street, Beau Bassin 71504, Mauritius

Printed at: see last page
ISBN: 978-620-2-44230-5

Inhalt

Editorial

Der innere Weg der Kontemplation, sollte es eigentlich heissen, aber weil unter Kontemplation oft nur das Sitzen (auf dem Kissen) verstanden wird, es im Folgenden aber um viel mehr und noch anderes geht, blieben wir bei der Bezeichnung 'innerer Weg'. Es geht um einen Weg. Ein Weg führt vorwärts, und ein Weg braucht seine Zeit. Die einzelnen Titel in dieser Schrift sind auch in der Zeit entstanden, auf einem Weg von circa zwanzig Jahren. Darum gibt es auch die Unterschiede in der Form: einmal in Ich-Rede, dann wieder eher objektivierend in der 'Es-Form'.

Eine Schrift über einen inneren Weg kann nicht systematisch sein, schon weil vieles geschenkte Intuition ist. Intendiert ist aber schon eine bestimmte Ordnung: Ausgangspunkt ist der Versuch eines Nachweises der Notwendigkeit, diesen Weg zu gehen. Dem folgt als zweiter Teil eine Wegleitung dafür, wie man sich auf den Weg begeben kann. In einem weiteren Teil werden Beispiele dafür aufgezeigt, was Menschen auf diesem Weg erfahren oder erreicht haben.

Mögen die Gesichtspunkte der einzelnen Artikel verschieden sein, die Einheit des Ganzen liegt in dem hoffentlich durchgehend wahrnehmbaren Anliegen des Autors: zum Aufbruch auf den inneren Weg zu animieren. Man muss diese Schrift nicht von vorne nach hinten lesen; man kann da einsetzen, wo man will. Die einzelnen Kapitel bilden immer in sich ein Ganzes.

Animieren möchte diese Schrift, nicht mehr. Nicht Vorschriften machen, ganz sicher nicht Moral verkünden. Es kann und darf selbstverständlich auch sein, dass einzelne Überlegungen zu anderen Wegen führen als denen vom Autor suggerierten. Die hier niedergelegten Einsichten sind aus Erfahrung geboren und möchte nur auch wieder zu Erfahrungen führen.

Ich bin dem Fromm-Verlag und hier Frau Inese Skucenkova dankbar, dass sie mir die Gelegenheit geboten hat, meine kleinen Abhandlungen zu publizieren. Frau Imelda Abbt danke ich für die inhaltliche und sprachliche Durchsicht und Herrn Bruno Bucher für seine gewiefte Layoutarbeit.

Meggen, Pfingsten 2018 Ueli Zwimpfer

Gott wird verschieden gedacht, erlebt, vorgestellt

Oder: Von der Notwendigkeit, einen inneren Weg zu gehen

Im Folgenden eine Art Übersetzung der Zusammenfassung und strukturierten Darstellung von Ergebnissen einer Umfrage im religiös-pastoralen Bereich, die von F. Oser und P. Gmünder unter dem Titel ‚Der Mensch – Stufen seiner religiösen Entwicklung', Gütersloh 1988 herausgebracht wurde. Diese Umsetzung des Autors nimmt das Grundschema des Berichtes und einige der beschriebenen Charakteristika der jeweiligen ‚Gottes-gedanken' auf, erweitert sie aber mit eigenen Erfahrungen, Beobachtungen und Überlegungen; der Bericht ist mehr Anlass für eine eigene Darstellung als eine Übersetzung.

Unter Menschen gibt es die verschiedensten Auffassungen von dem, was die Christen ‚Gott' nennen, vor allem in einer individualistischen Zeit wie der unsrigen, vor allem aber auch in einem kulturellen Umfeld, in dem das Denken in Sachen Religion längst nicht mehr nur von christlicher Dogmatik geprägt ist. Es ist von daher sicher sinnvoll, wenn man das Wort ‚Gott' mit einem abstrakteren oder allgemeiner gültigen ersetzt und dann etwa von der ‚Transzendenz', vom ‚Geheimnis' redet. Es soll aber erlaubt sein, dass im Folgenden verschiedene Ausdrücke für das Gemeinte, auch ‚Gott' gebraucht werden.

Der erwähnte Bericht bringt die Resultate der Umfrage in ein Stufenmodell, und zwar so, dass je die nächste Stufe einem je höheren individuellen Entwicklungsalter des Menschen zugerechnet werden, also etwa der Kindheit, der Adoleszenz, dem jüngeren, dem reiferen Erwachsenenalter. Ich finde es klüger, solche Festlegungen zu vermeiden. Psychologie, Feststellungen an religiösen Äusserungen und religiöse Literatur raten von einer solchen Einteilung eher ab. Aber ein Fortschreiten in den ‚Gottesbildern' ist bestimmt auszumachen.

Diese Darstellung unterscheidet drei wesentliche Auffassungen von Gott:

1. ‘Gott der Allmächtige’ beschreibt eine eher traditionelle Sicht von Gott, Welt und Mensch, man kann sie auch die ‘theistische’ nennen.
2. ‘Gott der einst Allmächtige’ zeigt eine Sicht, die sich im Lauf der Aufklärung herausgebildet hat, die aber vielen heutigen Menschen entspricht.
3. ‘Gott als Innerstes’ beschreibt eine eigentlich uralte, heute aber wieder sehr geschätzte Sicht von Gott, Welt und Mensch.

1. Gott der Allmächtige

Es entspricht einem sehr ‚natürlichen’ Denken, Gott als Erstursache zu denken. Auf die Frage, warum (im Sinne woher kommt es, dass) etwas so ist wie es ist oder so abläuft wie es abläuft, gibt es die Antwort mit der Angabe der jeweiligen Ursache. Alles hat seine Ursache. So zu denken ist für einen Menschen, der mit Wissenschaft und Technik aufgewachsen ist, d.h. der in einer modernen westlichen Gesellschaft lebt, auch ohne dass er oder sie selber Wissenschaft betreibt, selbstverständlich. Alles hat seine Ursache, und, so fügt schon Aristoteles hinzu, wenn wir die Ursache kennen, durchschauen wir ein Ding, einen Vorgang, ein Ereignis. Wir lesen dann quasi im Hintergrund des Gefragten, und das heisst, wir sehen ein: intelligere = intus legere = (dr)innen lesen, Intelligenz = Fähigkeit, drinnen zu lesen, Einsicht zu gewinnen.

Alles hat seine Ursache, eine Selbstverständlichkeit. So muss man denn als Elternteil so und so viele Fragen nach der Ursache, Warumfragen von Seiten der Kinder über sich ergehen lassen. Aber wenn da eine besonders intelligentes Kind ist, das immer ‚tiefer lesen’ will, so geht das Fragen bald über das Wissen der Eltern, aber vielleicht auch über die der Wissenschaft bekannte Ursachenkette hinaus. Und dann kommt vielleicht bald die Frage: Und wer hat das alles gemacht? Für befragte christliche Eltern und ReligionslehrerInnen liegt es auf der Hand, auf den allmächtigen Schöpfer hinzuweisen. Ja, manche(r), der oder die mit der Erziehung des Kindes beauftragt ist, ist froh, dass die Frage kommt; denn so lässt sich Gott leichter einführen, als wenn Kinder selber nicht so auf letzte Ursachen aus sind, eben nicht so intelligent sind.

Gott ist also Ursache von allem. Er ist der Schöpfer, und er ist der, der dafür verantwortlich ist, was in dieser Schöpfung, zumindest in deren Natur geschieht. Er kann und wird auch eingreifen, wenn er es für nötig findet. Dann ist er auch – direkt oder indirekt – Ursache, Ursprung solcher natürlichen Vorgänge, die über den Menschen hereinbrechen, wie Naturkatastrophen, Seuchen, Schicksal.

Anderseits ist auch der Mensch zum Teil Ursache, Ihm gegenüber: Der Mensch kann in dieser Sicht des Verhältnisses von Gott, Welt und Mensch Gott gefällig sein oder nicht, und Gott wird es dem Menschen ‚lohnen': Meine Beziehung zum Allmächtigen ist nie eine neutrale ist: Ich bin ihm näher oder ferner, je nachdem, ob ich mit dem konform bin, was er von mir will, d.h. zwischen mir und dem Allmächtigen steht die Moral. So kann ich denn den Allmächtigen umso eher bewegen, etwas – in meinem Sinn! – zu tun, je mehr ich dem konform lebe, was Er oder eben die Moral von mir will. Dies tritt in Erscheinung, wenn z.B. – in welcher Religion auch immer – Sühnefeiern veranstaltet werden, um den obersten Herrscher für ein Anliegen gnädig zu stimmen (z.B. für die Abwendung der Pest oder für Gewährung von Regen)

2. Gott – der einst Allmächtige

Ist Gott in dem oben beschriebenen Sinn allmächtig? Gott, der einst allmächtige, jetzt aber nicht mehr oder nicht mehr spürbar allmächtige – das ist die Sicht von Gott, die eigens mit einem Namen belegt wurde: Deismus. Man gibt für diese Ansicht auch ein bestimmtes Datum an: Ende 17. und 18. Jh. Nach der Sicht des Deismus hat zwar ein Allmächtiger alles geschaffen und in Gang gebracht, das Ganze dann aber sich selbst überlassen und den von ihm zu Anfang eingepflanzten Gesetzen. – Das ist eine Theorie, das kann aber auch das Fazit von Erfahrungen und Reflexionen sein, die Menschen im Laufe ihres Lebens machen – heute noch!

Ein Mensch, der vom Leben und vom Beruf gefordert wird, das Seine zu leisten mit äusserster Anstrengung und im Aufgebot von Willen, Verstand und Durchhaltekraft, einer, der durch das Leben herausgefordert, zum Macher geworden ist, der wird sich schwerlich noch auf einen allgegenwärtigen Allmächtigen abstützen können oder wollen. Für den mag es ja auch sein, dass schon ein Urimpuls angenommen werden muss, aber die Welt der Dinge und Ereignisse ist mit Wissenschaft erklärbar und mit Intelligenz, Willen und Technik beherrschbar und zu gestalten. Man muss nicht unbedingt selber dieser Typ von Macher sein, die heutige Welt führt uns zur Genüge vor Augen, nicht nur, dass Menschen die Welt aus eigener Kraft gestalten können, sondern auch müssen. Etwas stimmt nicht, das spürt jeder und jede, wollte man den Allmächtigen für einen günstigen Börsenkurs oder auch für die Erhaltung oder Zerstörung der Ozonschicht verantwortlich machen. Aber dann doch für den Tsunami?

Lebenserfahrung führt also zu einem Schritt weg vom allmächtigen Gott. Dem folgt der zweite Bruch auf dem Fuss. Er ist dort auszumachen, wo der Einfluss des Menschen auf die allmächtige Gegenwart von seiner moralischen Qualität abhängig gemacht wurde. Wenn die Zuneigung des höchsten Prinzips von der moralischen Qualität des Gläubigen oder Betenden abhängig sein soll, dann taucht da das Problem von Hiob auf oder in unseren Jahrhunderten das des Schicksals der gläubigen Juden: Es stimmt einfach nicht, dass es dem moralisch gut Handelnden gut geht, und dem schlecht Handelnden schlecht. Die Erfahrung, dass hier die in Aussicht gestellte gerechte Rechnung nicht aufgeht, offenbleibt, hat dann auch ihre zum Deismus führende Konsequenzen: Gott als moralisch gerecht wirkende Autorität in Welt und Menschenwelt ist nicht (mehr) denkbar. Auch die ethischen Probleme unserer Welt müssen wir mit Anstand selber lösen.

So ist denn deistische Haltung gerade nicht die Haltung eines religiös oder moralisch Desinteressierten, sondern eher die eines religiös Enttäuschten. Es ist oft die Haltung von Menschen, die sehr engagiert und einsatzbereit sind.

Der Deismus eine heute sehr weit verbreitete Haltung. Sie ist – begreiflicherweise – auch oft die Haltung jener Menschen, die sich dank eigener Emanzipationsanstrengungen vom Schema Schuld/Strafe – Verdienst/Lohn in Sachen Religion befreien konnten. Was noch bleibt ist meist ein Satz wie: Ich glaube schon, dass es etwas Höheres gibt. Der deistische Gott ist in Gefahr in einen unfassbaren Nebel zu entschwinden.

Es muss festgestellt werden: Beide bis dahin charakterisierten Auffassungen vom Verhältnis Mensch – höchstes Prinzip – Theismus und Deismus – haben als selbstverständliche Voraussetzung, dass es sich da um eine – philosophische gesprochen – Subjekt-Objekt-Beziehung handelt. Das will heissen, dass vorausgesetzt wird: Da ist der Mensch, der als ein Gegenüber – wie nah oder fern auch immer – diesen Gott, diesen Schöpfer, ein höchstes Prinzip hat, Betonung auf ‚gegenüber'. Das muss aber nicht so sein, d.h. das Verhältnis ist noch anders denkbar, wie sich im Folgenden zeigen wird.

3. Gott als Innerstes

Es gibt – all over the world – das Zeugnis von Menschen, das von einem ganz anders gearteten Verhältnis von Mensch und Höchstem ausgeht. Da ist Gott nicht mehr ein Gegenüber, sondern das Innerste des Menschen selber, ohne aber der Mensch, das Individuum selber zu sein. Es ist nicht leicht, dieses Verhältnis adäquat darzustellen, so dass es weder auf eine Identifikation zwischen beiden im Sinne von Pantheismus, noch auf eine Verharmlosung des Höchsten als Matrix des eigenen Unbewussten hinausläuft.

Am besten sagt man es wohl mit den Ausdrucksweisen der anerkannten „TheoretikerInnen" in diesem Gebiet. Berühmt geworden ist in diesem Zusammenhang das Wort von Augustinus: (Als ich dich draussen suchte, Gott) „warst du mir innerer als mein Innerstes." Meister Eckehart spricht vom ‚Seelenfünklein' und meint damit einen innersten Ort im Menschen, an dem er / mit dem er an Gott rührt, und C.G. Jung spricht vom ‚Selbst', das die ‚Antenne' für das Transzendente sei. Und Teresa von Avila spricht von der Seele als der ‚inneren Burg', in deren innerstem Gemach der Herr wohnt. (Sie betont auch, dass die inneren Räume so gross sind wie die äusseren.)

Das sind Begriffe, die auf Erfahrung zurückgehen, von der Erfahrung geprägt sind. Es geht um die Erfahrung, dass der Mensch Gott oder das Transzendente in sich selber findet, ja finden muss. Da erfährt er eine Instanz, die einerseits das ihm persönlich, individuell Eigenste und Tiefste ist, das aber auch über seine Subjektivität hinausweist. Es ist der Ort, wo das Eigenste an das ganz Andere rührt. Dieses aber ist eine fordernde Instanz, eine das Individuum fordernde Grösse. Die Moral, die äusserlich fremd bestimmend zwischen Mensch und Gott getreten war, dort, wo der Mensch Gott als ein Gegenüber sah, wird hier ersetzt durch eine Forderung, die zugleich das Individuum zu seinem ‚eigensten Seinkönnen' (M. Heidegger) führt und zugleich dazu, ‚den Willen Gottes' zu erfüllen. Selbstverwirklichung im ureigensten Sinn ist hier angesagt.

4. Präzisierungen, Ergänzungen

Zu 1.

Im theistischen Denken (Gott als Gegenüber gedacht) ist die Theologie beheimatet, die man die dogmatische nennt. Man redet da oft von Gott, seinem Willen, seinen Absichten, es scheint oft, als ob man ihn ziemlich gut kennt. Nur in diesem Denken ist es denkbar, dass es ‚auf Erden' Instanzen oder eine Instanz geben kann,
die ‚die Sache Gottes verwaltet'.

Dieser Anspruch konkurriert mit der Meinung oder Ahnung, dass es sich bei der ‚höheren Dimension' – um eine möglichst neutrales Wort zu brauchen – um ein nicht verfügbares Geheimnis handelt. Das zu viele Wissen mag so u. a. auch ein Grund dafür sein, dass sich Menschen von diesem Denken und von der Institution abwenden, die es vertritt.

Zu 2.

Im deistischen Denken hat Gott einen schweren Stand. Er kann als eine sich langsam auflösende Erinnerung der Kindheit figurieren Aber auch als ein aufgeschobenes aber nicht aufgehobenes Problem. Es bricht z.B. dann wieder auf, wenn der Stress des alltäglichen Lebens in Beruf und Verpflichtungen vorbei ist, wenn neue Sinngebung angesagt ist. Aber es gibt auch unverhoffte Einschläge ‚von drüben' mitten in den Stress oder in die rationale (rationalistische) Wissenschaft hinein. Enttäuschte Theisten, die auf der Suche sind und im bisherigen Denken nicht auf ihre Rechnung kamen, enden vielleicht hier als resignierte Agnostiker (Agnostiker: ein Mensch, der nicht (mehr) daran glaubt, dass die Frage nach der Existenz Gottes beantwortet werden kann, sie weder positiv noch negativ beantwortet).

Zu 3.

Wenn im theistischen Denken Moral gefordert ist, dann im spirituellen das, was Christen über lange Zeit vergessen zu haben scheinen und was doch ein zentraler Begriff im NT ist: griechisch: Metanoia, deutsch: Umkehr. Umkehr des Denkens, Umkehr im Verhalten zu Gott und den Menschen, sich wandeln, verändern. Bekehrung wäre auch ein Wort dafür, aber nur wenn damit eine innere Öffnung gemeint ist und nicht die Hinwendung zu einem vorgegebenen Gedankensystem. Leider wurde das vielsagende griechische Wort – es meint eigentlich: das Denken (noia, nous) wenden – vernebelt, indem man es z.B. auch mit Busse übersetzte.

Es ist schwer zu sagen, was einem Menschen den Weg zum Gott im Inneren eröffnet, eine Regel gibt es hier ganz sicher nicht. Es kann die Sinnkrise sein, die sich gern nach dem ‚Macheralter' einschleicht, es kann die Begegnung mit Menschen sein, die ganz von innen heraus leben, es kann die theoretische Beschäftigung mit solchen religiösen oder spirituellen Wegen sein, es kann ganz einfach das Ungenügen am Herkömmlichen und das Bedürfnis weiterzukommen sein. Es kann sein, dass ein Mensch einfach von innen berührt wurde.

Spirituelle Krisen sind in dieser Sicht nichts Ausserordentliches, sondern sie gehören zum spirituellen Wachstum. Und wenn man Gott, Welt, Menschen wie hier beschrieben sieht, dann gibt es nicht einen Bereich Spirituelles neben dem Bereich Leben, sondern Leben hat von sich aus immer spirituelle Dimensionen. ‚Spirituelle Krisen' sind somit wie Explosionsherde, die zu neuem, geweitetem Leben führen (wie vorerst schwarze Löcher, die sich dann in leuchtende Sterne wandeln).

Den inneren Weg gehen

Es gibt im Christentum eine lange Tradition für diesen Weg. Das heisst, eigentlich wusste man schon immer, dass man Gott nicht nur, aber vor allem im eigenen Inneren begegnen kann/soll/muss. Sagen wir es nur anders: im Gebet. Wobei zum Beten eine grosse Bandbreite von Handlungen oder Haltungen des Menschen gehört. Es geht zum Beispiel auch ohne Worte – davon später. Es kann etwas Singuläres oder etwas Dauerndes sein. Christliches Beten geht von der einfachen aber spezifisch christlichen Voraussetzung aus, dass Gott sich dem Betenden zuwendet. Im Gebet begegnen wir weniger dem allmächtigen als dem demütigen Gott. Im Innern. Eine Frau, die aus Erfahrung redet, Teresa von Avila (Karmelitin und Klostergründerin 1515-1582), sagte: ‘Die inneren Räume sind so gross wie die äusseren, ja noch grösser’. Das gilt es zu erfahren. Und Augustinus, Konvertit und später Bischof, eine Ahne des Christentums, schreibt in seinen Confessiones (Bekenntnisse):

> Spät habe ich dich geliebt, du Schönheit,
> so alt und so neu, spät habe ich dich geliebt!
> Und siehe, du warst innen,
> und ich habe dich draussen gesucht…
> Du warst bei mir,
> aber ich war nicht bei dir…

Auch Augustinus musste den Weg von aussen nach innen gehen.

Es geht hier um den Weg der ‘Kontemplation’. Es gibt hunderte von Definitionen oder Umschreibungen oder Erklärungen zu diesem Wort. Machen wir es uns erst einmal einfach: In dem Wort liegt die Aufforderung, ‘mit Gott im Tempel’ zu sein. Im Tempel? Das heisst: im eigenen Inneren. Wir können es noch weiter vereinfachen und sagen: mit Gott sein.

Schon früh im Christentum gab es Menschen, die nur mehr eines wollten: mit Gott sein. Das war nicht ein Gedanke, sondern ein Bedürfnis, eine Sehnsucht, ein Verlangen, entstanden aus einer Begegnung mit Gott, aus einer Berührung von ihm. Das Bedürfnis wurde so stark, dass diese Menschen ihr bisheriges Leben hinter sich liessen und sich nur noch von dieser Sehnsucht leiten liessen. Die schon erwähnte Teresa von Avila sagte: 'Gott allein genügt'. Oder: 'Nur Gott genügt'. Das muss ja irgendwie auch die Erfahrung oder Einsicht der Jünger von Jesus gewesen sein, die auf seinen Anruf hin alles zurückliessen und ihm folgten. Im eigenen Inneren Gott begegnen, bis er uns allein genügt. Das ist oder will Kontemplation.

Aber in gewöhnlichen Alltag leben wir nicht so bewusst in unserem eigenen Inneren, dass wir da Gott begegnen würden. Wir leben im Aussen, in und mit unseren Beschäftigungen, zusammen mit anderen Menschen, mit denen wir uns austauschen, mit unseren Aufgaben im Kopf, mit unseren Befürchtungen und Hoffnungen im Herzen. Wir sind ausgefüllt. Und wir sollten leer werden für Gott – damit er genügen kann.

Was tun? Will ich überhaupt so weit kommen? Möchte ich Gott begegnen? Befehlen kann mir das niemand. Es muss ein Bedürfnis sein. Ein Bedürfnis, Gott zu finden. Wenn auch anfänglich nur ein schwaches, nicht so eindeutig wahrgenommenes. Das wäre schon ein Anfang, der genügen kann.

Aber schauen wir auf die vielen, die diesen Weg schon gegangen sind oder ihn unter die Füsse genommen haben. Es gibt viele! Und es gibt viele, die von ihrer Erfahrung berichten, die sagen können, was man tun muss, wie man anfangen soll. Der Weg der Kontemplation ist ein Weg, den nur Erfahrene weisen können. Von einem solchen Weg soll im Folgenden die Rede sein.

Sitzen in Stille

Wenn wir unter Menschen etwas in Ruhe besprechen möchten, setzen wir uns hin. Um die nötige Stille für den Weg nach innen zu finden, müssen wir uns hinsetzen. Es hat sich gezeigt, dass gewisse Haltungen förderlich sind, um still zu werden. Man setzt sich z.B. auf ein eigentliches Meditationskissen oder auf ein spezielles niedriges Sitzbänklein oder auf einen Stuhl. Wer kann, macht den Lotussitz oder den Schneidersitz. Diese Arten des aufrechten Sitzens haben sich bewährt. Die Art des Sitzens ist nicht massgebend.

Wichtiger – und auch schwieriger – ist das Stillewerden. Wir sollen innerlich ruhig werden, damit sich das Innen zeigen kann. Wahrscheinlich geht das nicht ohne weiteres. Zu viel beschäftigt uns, zu stark nimmt es uns in Anspruch. Darum braucht es Zeit und Geduld mit sich selber. Weil wir leer werden sollen, kann man nicht sagen, woran man denken soll. Das Nichts zu denken ist gar nicht einfach. Aber es gibt etwas, das eigentlich nichts von alledem ist, was uns so durch den Kopf geht: Lausche deinem Atem. Wie er kommt und geht. Nicht ihn beeinflussen, nur ihn wahrnehmen.

Das einmal zehn oder fünfzehn Minuten tun/versuchen. Und wenn da wieder sich anderes aufdrängt, einfach zum Atem zurückkommen. Aufpassen: nicht sich verkrampfen, nicht zu viele Wille! Geh nett mit dir um. Aber lauf auch nicht davon. Wenn du dir fünfzehn Minuten vorgenommen hast, dann bleib diese fünfzehn Minuten dran, steh nicht auf mit dem Gedanken, der Entschuldigung ‘Es geht ja doch nicht’. ‘Es ist sinnlos’. Bleib!

Aber warum diese Anstrengung? Man könnte es mit einem Wort sage: um die Seele zu erreichen, wenn man unter ‘Seele’ den Ort sieht, wo der Mensch das Transzendente erfährt. Man kann auch sagen: um zur Vernunft zu kommen, wenn man das Wort ‘Vernunft’ im ursprünglichen Sinn nimmt: der Ort oder die Fähigkeit ‘zu vernehmen’. Wir sind grundsätzlich fähig, Gott zu vernehmen, aber wir müssen langsam zu diesem Ort durchdringen.

Aber eben: es geht um ein Vernehmen und nicht um ein Machen oder Wollen. Nichts zu machen, nichts zu wollen, sondern geschehen lassen, auf sich zukommen lassen, das will geübt sein.

Üben. Der grosse jesuitische Kontemplationslehrer Franz Jalic will in seinen Anweisungen zur Kontemplation das Wort 'üben' nicht brauchen, denn sagt er: es geht darum, die Freundschaft mit Gott zu finden, und eine Freundschaft übt man nicht. Aber das Wort 'üben' meint auch, dass man etwas immer und immer wieder macht. Insofern sollte man das Stillewerden schon üben. Alle Tage. Und dann mit der Zeit nicht nur fünfzehn, sondern vielleicht dreissig Minuten lang. Es kann sich dann die Erfahrung einstellen, dass man am Ende dieser dreissig Minuten wirklich innerlich stille geworden ist. Und dann merkt man selber, dass es gut ist, es so zu tun. [In Kursen oder in Sitzgruppen ist es üblich, je 25 Minuten zu sitzen; jede Sitzung wird mit einem Gongschlag begonnen und beendet; so muss man sich selber nicht um die Zeit kümmern.]

Das ist Praxis, Technik, erprobte, hilfreiche.

Die Erfahrung eines Bruders von Taizé sagt noch besser, worum es eigentlich geht:

SCHWEIGEN

Nicht nur still werden und den
Lärm abschalten, der mich umgibt.
Nicht nur entspannen und die
Nerven ruhig werden lassen.
Das ist nur Ruhe.
Schweigen ist mehr.
Schweigen heißt: mich loslassen -
nur einen winzigen Augenblick –

verzichten auf mich selbst,
auf meine Wünsche,
auf meine Pläne,
auf meine Sympathien und Abneigungen,
auf meine Schmerzen und meine Freuden —
auf alles, was ich von mir denke
und was ich von anderen halte,
auf alle Verdienste,
auf alle Taten.
Verzichten auch auf das,
was ich nicht getan habe:
auf meine Schuld
und auf alle Schuld der anderen an mir,
auf alles, was in mir Unheil ist.
Verzichten auf mich selbst.
Nur einen Augenblick DU sagen
und GOTT da sein lassen.
Nur einen Augenblick sich lieben lassen —
ohne Vorbehalt,
ohne Zögern,
bedingungslos
und ohne auszuschließen, dass ich nachher brenne.
Das ist Schweigen vor Gott.

Dann ist im Schweigen Stille
und Reden
und Handeln
und Hoffen
und Lieben
zugleich.

Dann ist Schweigen: Empfangen.
Auf dieses Schweigen weiß ich keine Antwort als neues Schweigen.
weil Gott größer ist,
weil jede versuchte Antwort zu klein gerät.
Und doch habe ich keine Angst
zu reden
und zu handeln,
weil das Schweigen eines Augenblicks
vor Gott
und mit Gott
und in Gott
die lauten Stunden erlöst.

Der Anfang des Weges

Oben wurde gesagt, Anfang des inneren Weges sei ein Bedürfnis, eine Sehnsucht, ein Verlangen, etwas, das mich auffordert, herausfordert. Das kann auch ein Lebensumstand sein. Zum Beispiel eine Krankheit, ein Verlust, ein erschütterndes Erlebnis, etwas, das den gewohnten Weg durchkreuzt, in Frage stellt, etwas, das nach einer weiteren Dimension des Lebens verlangt. Das Gefühl eines Ungenügens oder der Oberflächlichkeit Das kann der Anfang eines inneren Weges sein. Und vielleicht führt er nicht auf das Sitzkissen, aber doch zu einer neuen Innerlichkeit.

Der innere Weg von Jesus

Hier sei zuerst von einem Buch die Rede, der Titel 'Die Sekte des Jesus von Nazareth', verfasst von Georg Schmid, damals Sektenbeauftragter der evangelisch-reformierten Kirche des Kantons Zürich. Schmid macht die Voraussetzung: zurzeit Jesu gab es ja nicht eine katholische und eine reformierte Kirche und daneben Sekten, sondern die Jesus-Bewegung war eine Sekte unter anderen, und zwar eine jüdische Sekte! Und das führt den Autor dazu, Jesus als gewöhnlichen Menschen zu nehmen und zu schauen, was er bringt, wie er lebt, was er zu sagen hat.

In dem Buch kommt der Autor zur Einsicht, dass Jesus immer von **einem** Punkte her lebte. Er nennt den Punkt: das Unmittelbare. Jesus hat eine bestimmte Unmittelbarkeit zu Gott, den er seinen Vater nennt. Das Johannes-Evangelium drückt das aus mit dem Satz: der Vater und ich sind eins. Das ist der Schlüssel für das Verständnis nicht nur der Person Jesus, sondern dann auch von vielen Texten der Evangelien. Jesus redet und handelt aus einer dauernd gelebten Nähe zu Gott.

Wenn wir Jesus verstehen wollen, wenn wir ihm folgen wollen, dann müssen wir diese Nähe, diese Unmittelbarkeit, diesen Punkt finden. Das ist etwas Anderes als, wie es so oft geschieht, einfach einen Textabschnitt nehmen und sich fragen: welche Handlungsweise kann ich für mich davon ableiten. Es besteht die Gefahr, dass wir Jesus nur als Moralapostel sehen. [Man soll nicht die Vorstellung haben, als sei Jesus mit einem Rucksackt voll Predigten zu uns auf die Erde gekommen!]

Mit dieser Voraussetzung kommt man dazu, die Evangelien ganz anders zu lesen. An verschiedenen Beispielen soll dies aufgezeigt werden. Zuerst ein wohlbekannter, aber auch kontroverser Textabschnitt:

Matthäus 6,25-34

Darum sage ich euch: Sorgt euch nicht um euer Leben, was ihr essen werdet, noch um euren Leib, was ihr anziehen werdet. Ist nicht das Leben mehr als die Nahrung und der Leib mehr als die Kleidung?
Schaut auf die Vögel des Himmels: Sie säen nicht, sie ernten nicht, sie sammeln nicht in Scheunen - euer himmlischer Vater ernährt sie. Seid ihr nicht mehr wert als sie? Wer von euch vermag durch Sorgen seiner Lebenszeit auch nur eine Elle hinzuzufügen? Und was sorgt ihr euch um die Kleidung? Lernt von den Lilien auf dem Feld, wie sie wachsen: Sie arbeiten nicht und spinnen nicht, ich sage euch aber: Selbst Salomo in all seiner Pracht war nicht gekleidet wie eine von ihnen. Wenn Gott aber das Gras des Feldes, das heute steht und morgen in den Ofen geworfen wird, so kleidet, wie viel mehr dann euch, ihr Kleingläubigen!
Sorgt euch also nicht und sagt nicht: Was werden wir essen? Oder: Was werden wir trinken? Oder: Was werden wir anziehen? Denn um all das kümmern sich die Heiden. Euer himmlischer Vater weiss nämlich, dass ihr das alles braucht. Trachtet vielmehr zuerst nach seinem Reich und seiner Gerechtigkeit, dann wird euch das alles dazugegeben werden. Sorgt euch also nicht um den morgigen Tag, denn der morgige Tag wird für sich selber sorgen. Jeder Tag hat genug an seiner eigenen Last.

Ist das Romantik, etwas für die Blumenkinder, die es in den 60er Jahren gab? Allzu oft wurde schon gesagt: Das ist nicht lebbar, nicht durchführbar, wirtschaftlich nicht realisierbar. Zu einem solchen Urteil kommt man aber nur unter der – üblichen – Voraussetzung, es müsse auch hier eine direkte Nutzanwendung herauszulesen sei.

Machen wir eine andere Voraussetzung: Da ist ein Mensch, Jesus, der das gesagt hat. Was hat dieser Mensch erfahren, dass er so redet? Was ist für ihn das, was wichtiger, eigentlich was viel wertvoller ist als alles andere? Was so Vieles im Leben relativieren kann? Da muss etwas sein. Einen solchen Text, eine solche Sicht auf das Leben erfindet man nicht einfach. Dieses X wird nicht genannt, aber es erklärt alles. Vielleicht wird es doch genannt, in dem Satz: „Trachtet zuerst nach dem Reich Gottes und seiner Gerechtigkeit, dann wir euch dies alles dazugegeben werden." Dieses X ist kein Ding, aber es ist eine Erfahrung, etwas Erfahrbares. Und indem Jesus so redet, will er quasi 'verkleidet' von seiner Erfahrung reden und diese auch den Hörern oder Lesern zumuten. Man versteht diesen Jesus nur, wenn man voraussetzt, dass er von einer grossen Erfahrung geleitet ist, von dem, was Georg Schmid das Unmittelbare nennt.

Dem soll etwas Schwierigeres folgen:

Lukas 14,16-24

Er aber sagte zu ihm: Ein Mensch gab ein grosses Essen und lud viele ein. Und zur Stunde des Mahls sandte er seinen Knecht aus, um den Geladenen zu sagen: Kommt, alles ist schon bereit! Da begannen auf einmal alle, sich zu entschuldigen. Der erste sagte zu ihm: Ich habe einen Acker gekauft und muss unbedingt hingehen, um ihn zu besichtigen. Ich bitte dich, betrachte mich als entschuldigt. Und ein anderer sagte: Ich habe fünf Joch Ochsen gekauft und bin unterwegs, sie zu prüfen. Ich bitte dich, betrachte mich als entschuldigt. Und wieder ein anderer sagte: Ich habe geheiratet und kann deshalb nicht kommen. Und der Knecht kam zurück und berichtete dies seinem Herrn. Da wurde der Hausherr zornig und sagte [...]: Von jenen Leuten, die zuerst eingeladen waren, wird keiner mein Mahl geniessen.

Was ist hier die Nutzanwendung, die Moral des Gleichnisses. Was soll ich tun, wenn ich das gelesen habe und ein guter Christ sein will? Keinen Acker, kein Grundstück kaufen, keine Ochsen, kein Auto kaufen? Nicht heiraten? Spätestens hier wird die moralische Auslegung der Texte um Jesus zur Farce.

Es ist klar: Diesen Satz „Von jenen Leuten, die zuerst eingeladen waren, wird keiner mein Mahl geniessen.“ sagt Jesus von Menschen, die etwas anderes als dieses Mahl bevorzugen. Jesus hat aber weder die Landwirtschaft, noch die Wirtschaft noch die Ehe in Frage gestellt. Aber warum redet Jesus so? Wieder muss man die Frage stellen: Was hat er erfahren, was ist ihm so über alles wichtig geworden? Es gibt wohl nur eine Antwort: [mit einem modernen Wort gesagt] seine Transzendenzerfahrung. Das Gastmahl ist das Gastmahl mit Gott, die Vereinigung mit Gott. Von dem her lebt Jesus. Und er sagt mit dem Gleichnis: Das – Gott – müsste dir das Wichtigste sein; dann kannst du kaufen und verkaufen und heiraten wie du willst.
Das Gleichnis hat etwas Heftiges, Herausforderndes. Wie muss dieser Jesus von seiner Erfahrung betroffen gewesen sein! Wie hat sie diesen Menschen verändert!

Dass der innere Weg etwas Anderes ist, als die Befolgung einer bestimmten Moral, dass wir nach dem Beispiel von Jesus andere Schwerpunkte setzen müssen, kann man auch am folgenden Abschnitt aus dem Lukasevangelium sehen, wo noch einmal von einem Gastmahl die Rede ist. Gastmahl ist ein für Jesus typisches Thema

Lukas 14,12-14

Zu dem aber, der ihn eingeladen hatte, sagte Jesus: Wenn du ein Mittagessen oder ein Abendessen gibst, so lade weder deine Freunde noch deine Brüder noch deine Verwandten noch reiche Nachbarn ein, damit sie nicht Gegenrecht halten und dich ihrerseits wieder einladen.
Nein, wenn du ein Gastmahl gibst, dann lade Arme, Verkrüppelte, Lahme und Blinde ein.
Und du wirst selig sein, weil sie nichts haben, es dir zu vergelten.

Es geht um den Lohn für das, was wir tun. Darum, dass wir gelobt werden für unser Tun. Dass wir mit unserem Tun Freunde gewinnen, Menschen uns verpflichten. Und gut angesehen werden. Mit diesem Gleichnis macht Jesus einen Strich durch unsere

Rechnungen, indem er sagt, lade die ein, die dir kein Lob spenden, die du nicht verpflichten kannst. Die, die kein Gegenrecht halten können, die, mit deren Einladung du nichts gewinnst. 'Du wirst selig sein' meint wohl: Du hast etwas gewonnen, weil du die Grossmut Gottes offenbar werden liessest.

Mit diesem Hinweis auf eine andere Dimension unseres Tuns, spricht Jesus ein tief menschliches Anliegen an, nämlich: wo finde ich Anerkennung, wie finde ich sie? Jesus gibt die Antwort: Wesentlich ist die Anerkennung durch Gott, die von Menschen genügt letztlich nicht.

Es sei auch noch an folgende 'Lohngeschichte' erinnert:

> **Lukas 17,7-10**
>
> Wer von euch, der einen Knecht zum Pflügen oder Viehhüten hat, wird, wenn der vom Feld heimkommt, zu ihm sagen: Komm her und setz dich gleich zu Tisch? Wird er nicht vielmehr zu ihm sagen: Bereite mir etwas zu essen, binde die Schürze um und bediene mich, solange ich esse und trinke, danach magst du essen und trinken?
>
> Dankt er etwa seinem Knecht dafür, dass er getan hat, was ihm aufgetragen war? So sollt auch ihr, wenn ihr alles getan habt, was euch aufgetragen ist, sagen: Wir sind weiter nichts als Knechte; wir haben getan, was wir zu tun schuldig waren.

Auch hier geht es um den Verzicht auf Lohn in der Form von Anerkennung, Lob, Gegenleistung. Wenn man Jesus von dem unter Menschen gängigen Denken aus versteht, dann erscheint er einem hier als einer, der Menschen überfordert: man soll auf jede Anerkennung verzichten, immun werden für Lob und Tadel? Das verstehen wir nicht. Wenn wir jedoch versuchen, den Punkt zu finden, von dem her Jesus solches sagt, dann geht uns vielleicht langsam etwas auf: Es gibt etwas, das viel wertvoller ist als die Bezahlung durch Menschen: die Erfahrung, dass es etwas gibt, das Gott, den er

Vater nennt, so gut ist, dass wir nur seine Güte und Liebe weiterschenken können, dass wir nur gut sein können, weil wir erhalten haben. Es geht etwas durch uns hindurch, darum sollen wir es nicht auf uns beziehen. Dieser Jesus will uns nicht etwas nehmen, sondern mehr geben, als uns bekannt ist.

Es kann schon sein, dass einem eine solche Lektüre der Evangelien vorerst fremd erscheint. Und neu. Aber so neu sollte sie nicht sein. Schon das Johannes-Evangelium hat einen anderen Jesus gezeichnet als den eines Moralapostels. Und wir finden da auch das, was hier der Ausgangspunkt war, nämlich dass Jesus selber von einem Punkt aus lebte:

> Glaubt mir, dass ich im Vater bin und der Vater in mir ist. 10.38
> Der Vater und ich sind eins. 10.30

Man sollte solche Sätze nicht einfach als schöne, erbauliche Aussagen übernehmen, sondern als Programm für uns, d.h. diesen Jesus als einen sehen, der von dem einen Punkt her – seiner Verbundenheit mit dem Vater – lebte, handelte und sprach.

Mit dieser Voraussetzung sollten wir auf unseren inneren Weg gehen.

Die andere Rechnung

Viele Aussagen oder ganze Gleichnisse von Jesus irritieren. Weil sie sich nicht in Handlungen umsetzen lassen, oder aber sie scheinen, Überforderungen zu sein. Das wahrscheinlich deshalb, weil Jesus von einem Punkt aus redet und handelt, den er selbstverständlich voraussetzt, und der nicht der unsrige ist. Er macht andere 'Rechnungen'. An zwei Beispielen soll dies gezeigt werden.

Schon im Gleichnis von den Knechten hat Jesus spürbar machen wollen, dass die Rechnung des Himmelreiches eine ganz andere ist als unsere Rechnungen sind, aber auch dass wir lernen müssen, 'himmelreichisch' zu denken. Ganz ähnlich sagt das wohl bekanntere Gleichnis von den Arbeitern im Weinberge:

Matthäus 20,1-16

Denn mit dem Himmelreich ist es wie mit einem Gutsherrn, der am frühen Morgen ausging, um Arbeiter für seinen Weinberg einzustellen. Nachdem er sich mit den Arbeitern auf einen Denar für den Tag geeinigt hatte, schickte er sie in seinen Weinberg. Und als er um die dritte Stunde ausging, sah er andere ohne Arbeit auf dem Marktplatz stehen, und er sagte zu ihnen: Geht auch ihr in den Weinberg, und was recht ist, will ich euch geben. Sie gingen hin. Wiederum ging er aus um die sechste und neunte Stunde und tat dasselbe. Als er um die elfte Stunde ausging, fand er andere dastehen, und er sagte zu ihnen: Was steht ihr den ganzen Tag hier, ohne zu arbeiten? Sie sagten zu ihm: Es hat uns niemand eingestellt. Er sagte zu ihnen: Geht auch ihr in den Weinberg! Es wurde Abend und der Herr des Weinbergs sagte zu seinem Verwalter: Ruf die Arbeiter und zahl ihnen den Lohn aus, angefangen bei den Letzten bis zu den Ersten. Und als die von der elften Stunde kamen, erhielten sie jeder einen Denar. Und als die Ersten kamen, meinten sie, dass sie mehr erhalten würden; und auch sie erhielten jeder einen Denar. Als sie ihn erhalten hatten, beschwerten sie sich beim Gutsherrn und sagten: Diese Letzten haben nur eine Stunde gearbeitet, und du hast sie uns gleichgestellt, die wir die Last des Tages und die Hitze ertragen haben. Er aber entgegnete einem von ihnen: Freund, ich tue dir nicht unrecht. Hast du dich nicht mit mir auf einen Denar geeinigt? Nimm, was dein ist, und geh! Ich will aber diesem Letzten gleich viel geben wie dir. Oder ist es mir etwa nicht erlaubt, mit dem, was mein ist, zu tun, was ich will? Machst du ein böses Gesicht, weil ich gütig bin? So werden die Letzten Erste sein und die Ersten Letzte.

Auch hier eine irritierende Rechnung von Jesus, von der er sagt, dass sie im 'Himmelreich' so gelte. Sie entspricht gar nicht unserer Art zu rechnen. Aber diese Art zu rechnen sollten wir lernen. Ihr Einmaleins ist zwar schwierig zu erkennen. Und doch mutet Jesus sie uns zu.

In etwa haben wir sie aber erprobt – und sie als sinnvoll erfahren: Eigentlich funktionieren Krankenkassen so: Jeder zahlt gleichviel, aber nicht jeder bekommt gleichviel, sondern nur je das, was er zum Gesundwerden braucht. Das ist ein Stück Rechnung wie im Himmelreich!

Dass bei Gott vollends andere Rechnungen gelten als unsere, zeigt das vielleicht stärkste, weil revolutionärste Gleichnis von Jesus: die Geschichte vom verlorenen Sohn. Sie ist so bekannt, dass sie hier nicht nacherzählt werden muss.

Seien wir uns klar: es handelt sich bei dem Sohn, der mit dem Geld seines Vaters das Weite sucht, aber bald unter die Räder kommt und im Elend landet, nicht um irgendeinen Landstreicher: Jesus spricht von uns allen! Wir machen unsere Rechnungen. Wir kommen auf Abwege. Und wir wissen irgendwo in unserem Unbewussten, dass wir für unser Leben verantwortlich sind. Und wir verzweifeln vielleicht an der Aussichtslosigkeit, die Verantwortung voll zu übernehmen. Und da kommt dieser Vater entgegen, der von Rechnung nichts wissen will. Das deroutiert nicht nur den Heimgekehrten und auch den Daheimgebliebenen. Aber glauben fängt mit solchen Irritationen an!

Diese Welt, wo ganz anders gerechnet wird, – wenn überhaupt noch von Rechnung die Rede sein kann – ist auf dem inneren Weg erfahrbar. Dann wird aber auch Jesus verstehbar, so kommt er uns nahe und wir ihm. Dann werden wir Christen!

Das Koan

In irritierenden Paradoxen reden – das finden wir nicht nur bei Jesus, sondern auch in anderen Religionen oder bei Menschen, die etwas erfahren haben, das sie nicht einszu-eins in Worten wiedergeben können. In buddhistischen Schulen gibt der Meister dem Schüler eine Aufgabe in der Form eines Koans.

Ein **Koan** ist ein Satz, eine Frage, die zuerst absurd erscheinen. Im Meditieren soll der Schüler nicht denken, sondern innerlich so still werden, dass ihm die Lösung intuitiv aufgeht. Ein berühmtes Koan ist z.B. das ‚Klatschen mit einer Hand'. Wie geht das? Probieren Sie jetzt nicht, eine Lösung zu finden; Sie werden es sicher mit dem Verstand machen. [Vielleicht ist die Antwort des Meditierenden: Die Welt ist still.]

Dahinter liegt diese Weisheit: Zu gewissen Einsichten gelangt man nur, wenn man einen (langen) Weg geht. [Das würden wahrscheinlich auch bei uns viele ältere Menschen so sagen. Erst wenn man den Weg gegangen ist, geht einem die Einsicht auf.]

Analog ist das so, wenn man dem X von Jesus, das er seinen Vater nennt, auf die Spur kommen will. Ich muss mich hineinlassen. Nicht nachdenken. Oder das machen, was schon gesagt wurde: Diesen Jesus als Menschen mal ernst nehmen, und ihm nachspüren. Und nicht, wenn etwas vom Evangelium nicht gerade einleuchtet, es wegschieben. Es gibt bei dem, was von Jesus überliefert wird, so vieles, was unserem gewohnten Denken diametral entgegensteht. Vieles widerstrebt dem Verstand, vor allem aber auch den gewohnten Denk-, Urteils-, Verhaltensformen unserer Gesellschaft. Aber es ist schon wahr: Dieser Jesus der Evangelien macht es einem nicht leicht!

Noch einmal zum Koan. Ist z.B. der Abschnitt von der Einladung [Lukas 14, 12-14] nicht auch so etwas wie ein Koan? Wenn ja, heisst das: Du darfst nicht auf der ersten, der Verstandesebene, stehen bleiben. Nimm es nicht wörtlich aber ernst! Du musst das Wort mit einer tieferen Erfahrung knacken.

Über die Spiritualität von Reden und Schweigen

„Tu Gutes und rede davon!“ Das ist mehr als nur das Leitwort von Sponsoren und PolitikerInnen. Das gilt doch weitaus auch im täglichen Geplänkel. Man muss ja schliesslich etwas zum Erzählen haben, und so berichtet man auch von dem eigenen Tun, lieber vom guten als vom missglückten. Und dann redet man von den Anderen und von deren Tun. Man/frau hat meistens auch eine Meinung dazu, ein Urteil. So webt sich doch ein Gespräch des Alltags, ein Schwatz, eben ein small talk zusammen.

Eine Schülerin sagte einmal in meinem Unterricht den Satz – ich weiss nicht, woher sie ihn hatte – „Wenn man von etwas redet, lässt man dieses Etwas ein zweites Mal entstehen.“ Ja, und ich meine: wir leben ebenso sehr von dem, was zum zweiten Mal entsteht, wie vom erst Entstandenen, eben vom einfachen Tun und Leiden selber. Aber diese zweite Schöpfung in den Wörtern hat so ihre Tücken. Kaum etwas bleibt beim ersten angesprochenen Gesprächspartner. Es bilden sich Sagen, Gerüchte, ‚man-Meinungen‘, freundliche und schädliche, aufbauende und destruktive. Ja, unsere Worte haben Wirkung! Engländer haben gern über die Sprache reflektiert. Vom englischen Philosophen John L. Austin gibt eine kleine eindrückliche Schrift über diese Wirkungen unseres Sprechens mit dem eindeutigen Titel „How to do Things with Words“, deutsch eher langweilig übersetzt in „Zur Theorie der Sprechakte“.

Ja wir tun Dinge mit den Wörtern! Nicht erst, wenn wir jemanden zum (Staats-)Präsidenten ernennen (sofern wir dazu die Kompetenz haben), oder wenn wir taufen „Im Namen…“, wenn wir Ja oder Nein auf den Stimmzettel schreiben. Nein, nein, auch im Alltäglichen tun wir Dinge mit unseren Wörtern. Was wir von Menschen, von Vorgängen, von Ereignissen Gutes oder Schlechtes sagen, hat seine Wirkung. Andere denken dann vielleicht auch so und handeln danach. Nie könnten wir eigentlich sagen: Ich habe ja nur gesagt, was alle sagen. Max Frisch hat in seinem eindrücklichen Spiel ‚Andorra‘ vor Augen geführt, wie ein Mensch ins Verderben kommt, weil eine verurteilende ‚man-Meinung' über ihn entsteht. Wie leicht verletzen oder demütigen wir Menschen mit unseren unbedachten Worten! Wir können – allein mit Worten – aber auch jemanden „aufstellen". Es braucht nicht viel Reflexion, aber ein wenig schon, um sich klar zu werden, dass fast unser ganzes Alltagsreden irgendwo, irgendwann seine Wirkung zeitigt.

Wenn man das bedenkt, begreift man, dass unser Reden ein Thema auch bei Jesus ist. Obwohl Jesus in Worten lehrt, obwohl er predigt, scheint mir, als ob von den Evangelien so etwas wie eine Skepsis von Jesus bezüglich unseres Redens herüber kommt. Prügelknaben, man weiss es, sind für ihn die Pharisäer. Aber wir machen es uns zu leicht, wenn wir mit Jesus mitschnöden über diese damals angesehene Gruppe der Gesellschaft. Heute sind wir die von ihm Angeredeten!

Als bekannt darf ich hier wohl jene drei Korrekturen von Jesus am Anfang von Kapitel 6 bei Matthäus, also in der Bergpredigt voraussetzen. Sie laufen alle gleich – es ist wohl eine kleine Sammlung von Worten, die Jesus bei verschiedener Gelegenheit gesagt hat. „Wenn du nun Almosen gibst, so posaune es nicht aus, wie die Heuchler es machen in den Synagogen und auf den Strassen, um von den Leuten gepriesen zu werden." Das ist – modern gesagt – das Prinzip des Sponserns. Jesus sagt: „Wenn du Almosen gibst, lass deine Linke nicht wissen, was deine Rechte tut, damit dein Almosen im Verborgenen bleibt. Und dein Vater, der ins Verborgene sieht, wird es dir vergelten." – Das Gleiche wird noch gesagt vom Beten und vom Fasten, von zentralen Handlungen der Religion also.

Um die Vergeltung, um den Lohn geht es. Der Lohn ist die Anerkennung der Tat und des Gebers beim Almosen, des Handelnden selber beim Beten und Fasten. Und der Lohn, den der Handelnde von den Anderen erhofft, ist letztlich die Gewissheit: Ich bin von den Anderen geschätzt, geliebt, und so weiss ich, dass es gut ist, dass es mich gibt. – Und da kommt nun Jesus und macht einen Strich durch diese Rechnung: Verzichte auf den Lohn, die Anerkennung durch die Anderen. Aber werde ich es dann noch tun? Wahrscheinlich nur, wenn mein Tun woandersher gewürdigt wird, seinen Lohn hat. „Dein Vater, der ins Verborgene sieht, wird es dir vergelten." Soll ich also mit einem jenseitigen, einem „himmlischen" Konto rechnen?

Jesus kennt keine solchen Rechnungen! Da ist viel mehr gemeint, nämlich ein Perspektivenwechsel! Das Verborgene das ist nicht ein räumliches oder zeitliches Jenseits, das ist das Innere, das ist das Herz, das ist die Transzendenz, das ist Gott gegenwärtig in meinem Herzen. Von hier soll, kann die Anerkennung unseres Tuns kommen. Vielleicht könnte man sagen: Was du tust, soll so in sich, für dich stimmig sein, so aus unserem Tiefsten kommen, dass es nicht mehr von Anderen belobigt werden muss.

Ich meine, dass die hier besprochenen Worte Jesu, wie viele andere, nicht eine Moral, nicht ein Pflichtenkatalog sein wollen, sondern eine Aufforderung, alles anders zu sehen, einen neuen Standpunkt für unser Tun und unser Leben zu finden, ja ich meine, dass Jesus mit solchen Korrekturen uns zumutet, als Menschen mit Öffnung zur Transzendenz zu leben. Ist das nicht das, was wir mit dem Wort Spiritualität meinen?

Wie viele Worte müssen doch wegfallen, wenn wir uns dem Unsagbaren nähern! Nicht reden, sondern aus dem Innersten heraus handeln sollen wir! Das Reden geht in die Horizontale, das Schweigen in die Vertikale. Und die drei von Jesus genannten religiösen Handlungen stehen als Beispiele für unser ganzes Tun. Das heisst dann: Der Wert deines Tuns kommt nicht von aussen, sondern von der Quelle deiner eigenen Person, und er kommt nicht aus den Worten, die du oder die Anderen darüber machen.

Deshalb sagte ich, von Jesus komme eine gewisse Skepsis dem Reden gegenüber auf uns zu. Skepsis? Oder vielleicht eher eine Warnung: Pass auf, was du mit deinen Worten tust! Einem anderen Wort Jesu begegnet man eher selten, aber es bestärkt diese

Warnung, ich meine den Satz „Über jedes unnütze Wort, das die Menschen reden, werden sie Rechenschaft ablegen müssen am Tag des Gerichts. Denn aufgrund deiner

Worte wirst du freigesprochen werden, und aufgrund deiner Worte wirst du verurteilt werden." [Mt 12,36] Mit Höllenangst bekehrt man keinen Menschen, das hat seit dem Mittealter auch die katholische Kirche lernen müssen. Aber das Gericht ist für Jesus ja auch nicht etwas Jenseitiges, sondern Gegenwärtiges. Ich richte mich mit meinen unnützen Worten selber (zugrunde). Und dann gibt es ja auch noch den Satz „Richtet nicht, damit ihr nicht gerichtet werdet." [Mt 7,1]

Und noch etwas möchte ich anfügen für meine Meinung, Jesus warne vor allem zu leichten Reden. Wie oft kommt es nach den Evangelien vor, dass Jesus zu einem der von ihm profitiert hat, einem Geheilten etwa, sagt: „Rede nicht davon!" Diese Warnungen seien schwer zu deuten, hat man (Exegeten) gesagt. Könnte es nicht sein, dass hier Jesus einfach das selber realisiert, was er in den anfangs besprochenen Anmahnungen an Andere gefordert hatte? Jesus ist kein Zauberer, der vom Beifall des Publikums lebt.

Jesus kennt die Gefahr des unverantwortlichen Redens, und er weiss dass Schweigen Gold ist. Wissen wir nicht auch aus unserer eigenen Erfahrung, dass Schweigen tiefer dringt als Reden, selbst beim Beten?! Und dennoch kennen wir auch das an Jesus, dass er nämlich mit Worten Sünden vergibt, mit Worten heilt und auch mit Worten anklagt. Und das sind immer starke, wirkungsvolle Worte. Es gibt wohl eben eine Dialektik zwischen Reden und Schweigen, eine Wirkung des einen auf das andere. ‚Worte, die aus dem Schweigen geboren werden' sind eben andere – verantwortungsvollere – als Worte, die rein auf dem alltäglichen Geplänkel geboren werden. Wenn unsere Worte, wenn unser Reden aus dem Innersten kommt, von einem Punkt jenseits unseres Alltags, dann können sie Gutes entstehen lassen, wie die Worte Jesu oder gar wie die schöpferischen Worte Gottes.

Die religiöse Erfahrung und die Institution

In einem Artikel der Luzerner Zeitung (2017.06.30.) wird vom Vortrag eines Mediziners berichtet, der wissenschaftliche Forschung über die 'Nahtoderfahrung' betreibt. Er redete von den Erfahrungen, die Menschen gemacht haben und sagte u.a.: «Viele von ihnen können das Gesehene gar nicht in Worte fassen. Sie waren in einer Welt, für welche es ein ganz anderes Vokabular bräuchte.» Und Studienresultate legen dar, sagte er weiter, «dass unter anderem Faktoren wie Religion oder kulturelle Zugehörigkeit die Art der Nahtoderfahrung nicht beeinflussen», und noch: «dass nach einer Nahtoderfahrung das Interesse der Betroffenen an Spiritualität und der Glaube an ein Leben nach dem Tode zwar steigen – aber deutlich weniger von ihnen besuchen weiterhin die Kirche».

Das ist offenbar eine 'Jenseitserfahrung'. Von solchen reden auch andere Menschen. Die sogenannten Mystiker und Mystikerinnen haben solche gemacht, machen solche Erfahrungen. Aber auch noch viele Menschen, die sich vielleicht nicht als MystikerIn bezeichnen würden. Jeder Mensch ist der Begegnung mit Gott fähig. Es sind Erfahrungen, die zwar sehr oft Leute machen, die in einer religiösen Institution, einer Kirche zum Beispiel, beheimatet sind, aber die Aussagen über ihre Erfahrungen und die gewonnenen Einsichten gehen weit über die Lehre dieser Institutionen hinaus, ja laufen ihnen zuweilen sogar zuwider.

Es ist doch so: vor jeder religiösen Institution, bevor da eine Glaubensgemeinschaft, eine Kirche ist, sind da die Menschen, die eine tiefe Gotteserfahrung gemacht haben. Das ist so bei Abraham, bei Moses, bei Jesus, bei Mohammed, bei Franziskus von Assisi. Ihre Erfahrung suchte sich dann einen Ausdruck in Gebeten, in einer Lehre, in religiösen Riten und in gemeinschaftlichen Organisationen. Vielfach waren es erst die 'Anhänger', Gefährten dieser Erfahrenen, die das ins Werk setzten. Die nackte Erfahrung musste sich ein Gewand suchen. Es waren dann ganz normale menschliche

Mittel, die man brauchte, um die Erfahrung ausdrücken oder darzustellen, das was wir eine Institution nennen.

Mit der Zeit kann es nun aber geschehen, ja geschieht es oft, dass vergessen geht, was am Anfang war, und wohin der/die 'Jenseitserfahrene' führen wollte: zu eben dieser Erfahrung! Das ist dann der Fall, wenn die menschliche Konkretisierung, also eben die Lehre, die religiösen Riten, die Organisation der Gemeinschaft, wenn die Institution mit der eigentlichen Sache, der Gotteserfahrung, verwechselt wird. Dann wir das Instrument der Vergegenwärtigung zur Sache selbst.

Und dann kann das Absurde passieren, dass Menschen, die in dieser Institution leben und dieselben oder ähnliche Erfahrungen wie die 'Gründer' machen, von der eigenen Institution abgelehnt werden. Weil sie einen Ritus sprengen, eine Lehre anders verstehen, oder anders leben als es sich zu leben 'gehört'. Johannes vom Kreuz, ein grosser spanischer Mystiker, Karmelit und Gefährte von Teresa von Avila, wurde deswegen lange Zeit von seinen Mitbrüdern im Kerker gefangen gehalten.

Die Institution, das Mittel wird zur Sache selber und zum Massstab. Das ist das Phänomen des Fundamentalismus. Wenn vergessen gegangen ist, was am Anfang stand, oder wenn es lange Zeit keine Menschen mehr gibt, die die ursprünglichen Erfahrungen machen, oder wenn die 'Erfahrenen' ausgebootet wurden, dann passiert diese unglückliche Versteinerung, die wir in fundamentalistischen Gemeinschaften finden. Dann wird dann eine Reformation à la Luther und Zwingli zur Gefahr, gegen die man sich wehren muss, indem man verketzert, von Abspaltung redet.

Es hängt so vieles daran, ob da, wo Neues oder eben Ursprüngliches auftaucht, wo von nichtalltäglicher Erfahrung gesprochen wird, ob da Menschen sind, die selber religiöse Erfahrung gemacht haben oder eben nicht. Erstere können viel leichter relativieren, sogar die Institution, der man angehört. Ein Papst geht zur Jubiläumsfeier der Reformation nach Lund, glaubt also, dass bei Luther etwas Wichtiges passiert ist. Ein Nuntius in der Schweiz fand, dass dort wo kein Priester als Pfarrer zur Verfügung steht, die Gemeinde aufgelöst werden solle. Da wird die eigentliche Sache der Religion der Institution geopfert.

Es macht einen grossen Unterschied, ob man einen Standpunkt hat, der hinter der Institution liegt, oder ob die Institution selber der Standpunkt ist. Im ersteren Fall ist man fähig, die verschiedenen Konfessionen, in die das Christentum aufgefächert ist, als Interpretationen der oder Annäherungen an die eine grosse Wirklichkeit 'Gott' zu sehen, die mit Worten, Symbolen, Lehren nie ausgeschöpft werden kann.

Nur: Mit einem so zeitbedingten Instrument wie der heutigen Naturwissenschaft dem Phänomen der Nahtoderfahrung gerecht zu werden, ist vielleicht ein zu anspruchsvolles Unternehmen.

Der „Haltbarmach-Almanach“

Bevor es Kühlschränke, -truhen und -häuser, Lyophilisierverfahren (Gefriertrocknen), Pulverisierungs- und Komprimierungsanlagen der verschiedensten Art, all die E-Zusätze und vieles andere gab, wurde viel Erfahrungswissen aber auch viel Fantasie darauf verwendet, wie man Lebensmittel für Mensch und Tier für längere Zeit haltbar machen konnte. Etwas ganz Einfaches war z.B. Knollengemüse in einem Haufen von Sand eingraben, und es dann während des Winters je nach Bedürfnis wieder ausgraben. Neuere, grüne Zeiten haben diese alten Methoden wieder hervorgeholt und sie für heute – energiesparend – nutzbar gemacht. Eine schöne, gut brauchbare Auswahl solcher Methoden ist vor Jahren (oder eher Jahrzehnten?) in einem kleinen Buch, dem „Haltbarmach-Almanach“ erschienen.

In ägyptischen Gräbern soll man Honig gefunden haben, der so intelligent konserviert worden war, dass man ihn nach mehr als 3000 Jahren wieder so herrichten konnte, dass er geniessbar wurde; er war zwar hart, konnte aber wieder verflüssigt werden. Von einem flüssigen in einen trockenen, von einem weichen in einen harten Zustand überführen, war oft das Geheimnis des Haltbarmachens. Es gibt heute an grösseren Orten ganze Läden, die verkaufen nichts Anderes als hart gemachten Zucker mit irgendeinem Fruchtaroma und leben ganz gut davon. Auch für diesen Zucker ist etwas Weiches oder Flüssiges konsistent gemacht worden, und darum muss man ihn in den Mund nehmen und im Speichel zergehen lassen, und das vorerst harte Ding entfaltet die schönste, angenehmste Süssigkeit. Noch ist es nicht so lange her, dass man zu Hause sog.'Nidelzältli' (Rahmtäfelchen) hergestellt hat; die neuen Konservierungsmethoden und ihre Anwendung durch Grossunternehmen oder Grossverteiler ist ja gar noch nicht so alt. 'Nidelzältli' (Rahmbonbon) haben früher die Grossmamis gemacht. Wie gesagt, die Idee ist alt: In einem anderen als dem unmittelbaren, lebendigen Zustand lässt sich vieles länger aufbewahren, sichern, anderen vermitteln, später gebrauchen.

Schliesslich ist je auch das Schreiben, mithin die Schrift an sich, eine Art, etwas haltbar zu machen. Man kann Ideen, Geschichten, die einmal geäussert oder erzählt worden sind, mittels Schrift und Pergament oder Papier haltbar machen. Auch Erfahrungen. Dann geht es nicht verloren. „Denn was man schwarz auf weiss besitzt, kann man getrost nach Hause tragen.“ (Goethe, Faust I)

Nur aufgepasst: Es gilt auch: „Papier ist geduldig.“ (Cicero, Briefe). Papier nimmt alles, was in Schrift gesetzt wurde, an – auch was nicht unbedingt dafür bestimmt war.

Sind nicht auch schriftlich fixierte dogmatische Formulierungen des Christentums haltbar gemachte Erfahrungen, die als diese Fixierungen noch nicht viel wert sind, sondern sich erst wieder entfalten können, wenn sie vom toten in den lebendigen, vom trockenen in den flüssigen, vom harten in den weichen Zustand zurückgeführt werden? Und das ginge dann wie beim Bonbon: Es muss etwas vom einzelnen Menschen dazukommen, sein Speichel, seine Genussfähigkeit, damit das Trockene wieder lebendig wird. Als Bonbons oder Bonmots kann man diese Formulierungen kiloweise weitergeben, sie bewirken nichts. Ja, es fragt sich, ob es je richtig war, auf diese Weise aus dem gelebten Leben harte Bonbons und Bonmots zu machen.

Denn immer wieder muss in Erinnerung gebracht werden, dass Jesus keine Lehre verkündet, sondern von einer Erfahrung geredet und einen Weg gewiesen hat. Darum kann man auch keine Jesus-Lehre weitergeben, ganz sicher nicht eine schriftlich konservieren. Und ganz sicher wäre die Jesus-Erfahrung auch nicht verloren gegangen ohne diese Fixierungen. Hart Gemachtes und hart Gewordenes lebendig machen, das möchte der Weg der Kontemplation.

Die Mönche der frühen Christenheit hatten ein Wort, das dem hier beschriebenen Anliegen sehr nahekommt: Sie meinten, man müsse die Worte der heiligen Schrift (nicht des Dogmas!) **kauen** (lateinisch: ruminare), damit sie für jeden und jede persönlich lebendig werden.

Die französische Mystikerin der Sozialarbeit Madeleine Delbrêl (1904-1964) empfahl, ein Wort der Schrift von der Frühmesse mit in die Alltagsarbeit zu nehmen und es tagsüber zu bedenken.

Im vorhergehenden Kapitel wurde empfohlen, Abschnitte der Evangelien nicht vordergründig in Nutzanwendungen, Verhaltensregeln, Moral umzumünzen, sondern in ihnen die Erfahrung zu ergründen, von der dieser Jesus wohl ausging. Es macht nichts, wenn dies ganz subjektiv geschieht.

Die Erfahrung, die Zeitgenossen und Generationen nach Jesus mit seiner Botschaft gemacht haben, haben dazu geführt, dass man sie festhalten wollte. Und man schrieb sie auf. Ja, die Erfahrung der Nachfahren war so überwältigend, dass man zum Schluss kam: dieser Jesus war nicht nur ein gewöhnlicher Mensch, sondern mehr. Und man formulierte auf dem Konzil von Chalkedon 451, Jesus sei wahrer Mensch und wahrer Gott. Da hat man Erfahrung haltbar gemacht. Nur war es dann keine Erfahrung mehr, sondern ein Stück Theologie. Man kann sich fragen, ob es etwas religiös bewirkt, wenn man einem Menschen dieses Dogma verkündet. Wer dieser dogmatischen Aussage zum ersten Mal begegnet, braucht die Hilfe eines Menschen, damit sie religiöse Erfahrung werden kann. Das Dogma muss quasi zurückbuchstabiert werden.

Vielleicht gilt heute mehr denn je, mehr als in den Zeiten, wo man selbstverständlich in einer Konfession aufwuchs das Zeugnis der Menschen, die die Botschaft von Jesus, ja die diesen Jesus verinnerlicht haben. Bei denen etwas von dem herüber kommt 'Ich und mein Vater sind eins'.

Ähnliches ist zu sagen von anderen dogmatischen Aussagen: als reine Affirmationen bewirken sie nichts. Sie bleiben im Kopf. Sie müssen erst noch übersetzt, ins Leben zurückgeführt werden. Ein Schweizer Dichter hat das in einem Gedicht zu sagen versucht. Das Gedicht stammt aus dem Band 'Leichenreden' vom Berner Pfarrer Kurt Marti (Verlag Luchterhand)

ihr fragt
wie ist
die auferstehung der toten?
ich weiß es nicht

ihr fragt
wann ist
die auferstehung der toten?
ich weiß es nicht

ihr fragt
gibts
eine auferstehung der toten?
ich weiß es nicht

ihr fragt
gibts
keine auferstehung der toten?
ich weiß es nicht

ich weiß
nur
wonach ihr nicht fragt:
die auferstehung derer die leben

ich weiß nur
wozu Er uns ruft:
        zur auferstehung heute und jetzt

Auferstehung als Dogma wird sonst gern bei Beerdigungen in Erinnerung gerufen.

Ähnliches wie von Lehrsätzen oder Dogmen müsste man vielleicht auch von Riten, Ritualen, Gesten, Zeremonien – vor allem im Katholizismus – sagen. Wenn deren Sinn nicht – auch von der Herkunft her – erschlossen wird, können sie leicht sinnlos werden oder dann aber ins Magische abgleiten. Magie ist dort im Spiel, wo ich denke: wenn ich etwas nicht genauso mache, wie es vorgeschrieben oder Tradition ist, hat es keine Wirkung oder ist es gar gefährlich.

Eine kleine Geschichte möchte das verdeutlichen:

In einer kleinen Stadt jenseits der Berge gibt es einen seltsamen religiösen Brauch. Er hat eigentlich einen religiösen Hintergrund, aber dieser ist kaum mehr bekannt.

Am Tage der Taufe Christi – das ist auch der Tag nach der sog. Versuchung Christi, mit dem er seine Predigttätigkeit begann, weil er eine überwältigende Erfahrung gemacht hatte – der hier mit dem sog. Dreikönigsfest zusammenfällt, findet in der Stadt ein Stafettenlauf statt. Es geht darum, dass Gruppen von LäuferInnen, die sich selbständig organisieren, je einen Stab möglichst schnell von der Hauptkirche der Stadt zur Schwesterkirche in der Nachbarstadt bringen. Mit dem Stab hat es etwas Besonderes auf sich: es ist nicht ein Holzstab, geschweige denn ein Plastikstab, wie heute üblich – das würde dem ehrwürdigen Alter der Tradition natürlich nicht entsprechen, sondern es ist eigentlich ein länglicher Kupferbehälter, der nur die Form eines heutigen Stafettenstabes hat.

Ursprünglich soll es sich um einen Goldbehälter gehandelt haben und nur um einen, den es galt, möglichst schnell von einer Stadt zur anderen und dann wieder zu einer anderen zu tragen. Jede Stadt, die in Besitz des Behälters kam, freute sich, veranstaltete ein Fest, war überzeugt, für kurze Zeit einen grossen Schatz in Händen zu haben.

Aber da mit der Zeit die Tradition verflachte, wollten immer weniger Städte am Brauch teilhaben. Man hatte den Sinn dafür verloren. Und so geschah es, dass der Brauch in der einen Stadt zu dem seltsamen Gemisch von sportlichem und religiösem Anlass verkam und nur noch hier erhalten blieb.

Er wird auch hier nicht mehr lange zu halten sein. Denn da sein Sinn abhandengekommen ist, vermag er auch hier kaum mehr Leute dafür zu interessieren. Aber im Schatz verschiedener Kirchen sollen immer noch solche Stäbe oder eben Behälter aufbewahrt sein.

Aber was war der ursprüngliche Sinn gewesen? Eigentlich waren die Laufenden Menschen gewesen, die eine tiefgreifende, sie selber verändernde Erfahrung gemacht hatten. Sie waren davon so überwältigt, dass sie zu anderen Menschen liefen und es weitersagen wollten. So kam das Laufen auf. Aber da man sich langsam nicht mehr auf das reine Weitersagen verliess, schrieb man die Erfahrung nieder. Und man packte die wichtige Nachricht in einen gut tragbaren Behälter, eben in diese ursprünglich goldene stabartige Büchse und brachte diese von Stadt zu Stadt. Mit der Zeit öffnete man sie auch nicht mehr, um den Inhalt zur Kenntnis zu nehmen, sondern reichte sie unbesehen weiter. Jeweils ein Fest veranstalten konnte man ja auch ohne Kenntnis des Inhaltes. Nur in jener einen Stadt ist bis heute der Brauch erhalten geblieben.

Ein Gleichnis dafür, was mit religiösen Dingen passieren kann.

Der Andere

Es gibt unter kontemplativen Menschen ein geflügeltes Wort, – eigentlich eine 'Übersetzung' des Gebotes der Bibel – das heisst: Liebe deinen Nächsten; denn er ist wie du. Wenn ich das genauer bedenke, ergibt sich mir eine Schwierigkeit. Konkret: Ich bin ein eher bedächtiger, zuweilen fast wortkarger Mensch, einer der nicht zu viele Worte machen will. Nun begegnet mir eine Person, die viele, viele Worte macht, die kaum zum Stoppen ist und alles in einem überschwänglichen Tonfall. Begreiflich: spontane Sympathie kommt bei mir nicht auf. Denn die Person ist so ganz anders als ich. Da muss ich mir schon einen Ruck geben, mich an das Gebot der Nächstenliebe erinnern und dann mit Wille und Verstand versuchen, diese Person doch als Mitmensch ernst zu nehmen (die fundamentalste Form von Liebe!). Ich soll also Nächstenliebe aufbringen, obwohl die andere so ganz anders ist. Also würde es besser heissen: Liebe deinen Nächsten, obwohl/auch wenn er ganz anders ist als du.

Ich glaube schon: wir sollen lernen, das Andere zu lieben. Gerade als Anderes. Das Andere, die Andere, den Anderen als anders stehen lassen, ja respektieren. Das erweitert unseren Horizont. Das kann eine Bereicherung sein. Aber wie oft dispensieren wir uns von dieser menschlichen Aufgabe. Wie? Indem wir (ab)urteilen: ist die blöd, der spinnt ein wenig, nicht ernst zu nehmen, halt noch jung. Wir lassen das ganze Instrumentarium unseres wertenden Denkens spielen, indem wir in gut und schlecht, intelligent und dumm, normal und abnormal einteilen. Das Andere haben wir damit verpasst.

Es kostet meist eine Anstrengung, nicht sofort zu werten, also statt die erwähnten Einteilungen spielen zu lassen, denken: er/sie/es ist anders. Philosophen haben die Frage aufgeworfen, ob es denn dem Menschen überhaupt möglich sei, das Andere zu denken ohne es zum Eigenen zu machen. Ich wage darauf keine endgültige Antwort. Ich weiss nur, dass mich das Andere, der andere Mensch herausfordert, mir keine Ruhe lässt. Vielleicht kann ich das Andere nicht denken, aber dass es das gibt, spüre ich, weil es mir keine Ruhe lässt. Das Andere anders sein lassen, braucht viel mehr Empathie als es korrigieren, kritisieren, umkrempeln wollen.

In einer anderen Sprache würde man feststellen: was dich am Anderen irritiert, das ist dein eigener Schatten, das was du nicht bist, vielleicht sein möchtest, nicht in deine Persönlichkeit integriert hast. Auch vom Schatten heisst es ja, man müsse ihn ernst nehmen (also lieben). Mag sein. Aber ich sage mir: Was nützt es mir, zu wissen, dass mein Befremden vor dem Anderen ein Teil von mir ist? Ich muss das Anderssein trotz allem im Umgang, in der Begegnung mit meinem Nächsten 'abarbeiten'.

Es gibt Menschen, die haben das zu ihrem Lebensauftrag gemacht: sich dem Fremden, dem Anderen, zu widmen. Ich denke da an all die Selbstlosen, die sich aufgemacht haben, in anderen Ländern, anderen Kulturen, unter ganz anderen Lebensumständen Menschen zu begegnen und ihnen zu helfen. Aber man muss gar nicht ins Ausland gehen: Wie viele Menschen im sozialen, caritativen Bereich sagen von sich (oder sie sagen es nicht einmal), dass ihnen nichts, niemand fremd ist. Die 'Selbstlosen', sind das besondere Menschen? Oder liegt in dem, dass wir uns vom Anderen herausfordern lassen das Geheimnis des Reifens, der Weg zur Entfaltung – vielleicht eher als in der hochgepriesenen sogenannten Selbstverwirklichung.

Der andere Mensch, ja generell das Andere ist eine Realität, wenn auch eine nicht fassbare. Eine beunruhigende Realität. Was weiss ich, vielleicht ist es eine ständige Mahnung, dass da irgendwo oder vielleicht auch ganz nah, der/die ganz Andere ist, gemeint Gott. Leute, die einen inneren Weg gehen, würden wahrscheinlich diesen Zusammenhang bestätigen. Gott ist der ganz Andere, das ist nur eine andere Ausdrucksweise dafür, dass er alles übersteigt (nicht unbedingt nach oben!); ein anderes Wort für Transzendenz. Dann wäre der andere, der fremde Mensch so etwas wie eine Minitranszendenz. Vielleicht werden die Gebote der Gottes- und der

Nächstenliebe auch darum im NT in einem Atemzug genannt, weil sie eine Grenzüberschreitung voraussetzen oder ein Gehen an die Grenze und darum beide im innersten Kern etwas miteinander zu tun haben.

Rechtfertigung

Der innere Weg des Christen kann zur Lösung eines existenziellen Problems der Menschen führen: der Rechtfertigung. Theologen sprechen von Rechtfertigung: «Rechtfertigung ist ein zentraler Begriff der christlichen Theologie innerhalb der Gnadenlehre. Die 'Rechtfertigungslehre' fragt danach, was geschehen muss, damit das Verhältnis zwischen Mensch und Gott, das durch Sünden des Menschen belastet worden ist, wieder in Ordnung kommen kann». (Wikipedia)
Aufsehen erregt hat die Dissertation des Theologen Hans Küng, der nachgewiesen hat, dass zwischen reformierter und katholische Sicht gar kein so grosser Unterschied ist, wie man das bis anhin gemeint hatte. Es ging um die Frage, ob der Mensch vor Gott gerechtfertigt werde aufgrund der (guten) Werke oder allein aufgrund des Glaubens. Der Streit zwischen den Konfessionen wurde beigelegt.
«Höhepunkt dieser Annäherung war die gemeinsame Erklärung zur Rechtfertigungslehre, die von römisch-katholischen und evangelisch-lutherischen Theologen erarbeitet und am 31. Oktober 1999 in Augsburg feierlich unterzeichnet wurde». (Wikipedia)

Aber Rechtfertigung ist nicht nur ein theologisches Problem, sondern ein sehr existenzielles, es wird nur kaum als solches wahrgenommen. Dabei ist es doch so auffällig und präsent. Man muss nur ein wenig zurücktreten und Vorgänge zwischen Menschen und ihre oder unsere Verhaltensweisen betrachten. Was geschieht doch alles aus dem Motiv heraus, sich zu rechtfertigen! Oder – was auf das Gleiche herauskommt – aus dem Bedürfnis heraus, Anerkennung zu finden. Wir brauchen die Anerkennung durch die Anderen. Wir brauchen das, dass sie sagen oder finden: Das ist gut, das hat er/sie/du gut gemacht. Wir brauchen Bestätigung, vielleicht sogar Lob für das, was wir tun. Letztlich brauchen wir das Urteil der Anderen über uns: er/sie ist brauchbar, gut. Wir sind aus auf die Gewissheit, die uns nur Andere geben können: Es ist gut, dass du bist. Es braucht keine tiefe psychologische Betrachtung, um an sich selber festzustellen: Ja, das brauche ich.

Damit kann man sehr viele menschliche und auch gesellschaftliche Phänomene verstehen: vom Willen, berühmt zu werden, von der Sucht nach immer neu und immer mehr bejubelt zu werden, von der Bemühung, sich mit irgendetwas unsterblich zu machen, bis zur Anerkennung durch den Chef, über die Sorge um einen guten Ruf und bis zu der kleinen Freude daran, dass mir jemand auf die Schulter klopft. Das Ausbleiben der Anerkennung, das Gefühl, für niemand wichtig zu sein, kann hingegen zu Depressionen führen, einen Menschen am Sinn des Lebens verzweifeln lassen. Und das soll es sogar bei Menschen geben, die gesellschaftlich ganz gross herausgekommen sind!

Schon etwas tiefer müssen wir gehen, wenn wir eine Antwort auf die Frage suchen, warum das so ist. Warum sind wir auf Anerkennung angewiesen? Warum haben wir kaum je genug davon? Warum kann dieses Bedürfnis nie definitiv befriedigt werden? Was ist in uns, dass wir nie genug an Anerkennung haben?

Von einem Theologen (Eduard Schillebeecks 1914-2009) stammt die folgende, eher philosophische Antwort: Das ist so, weil wir kontingente Wesen sind und uns das bewusst ist. Was heisst das? Wir wissen – und dieses Wissen ist unausrottbar in uns drin – es könnte uns auch nicht geben; wir müssen nicht sein; es gibt in der Welt keinen Grund dafür, dass es uns geben muss; wir sind nicht notwendig, ja eigentlich nicht nötig.

Darum sind wir ständig danach aus, von aussen zu erfahren, dass es doch gut ist, dass es uns gibt, im Äussersten, dass wir notwendig sind. Durch unser Tun, durch unser Bemühen um Andere, vor Anderen, hoffen wir das Bewusstsein der Kontingenz wettzumachen durch ein Gefühl von eigentlicher Existenzberechtigung.

Nun gibt es aber auch Menschen, die scheinen das nicht nötig zu haben. Die sich selbst genug sind – oder auf anderem Weg zu ihrer Existenzberechtigung gefunden haben.

Die echt selbstlos sein können, also für Andere zu handeln bereit sind auch ohne jede Anerkennung.

Vielleicht sind das Menschen, die ihre Existenzberechtigung in der Religion gefunden haben. Die auf ihrem Lebensweg zur Gewissheit gelangt sind: es gibt einen Ort, wo ich akzeptiert bin, einen Ort, einen Zustand, eine Ebene in mir, oder gar ausdrücklich: es gibt etwas, jemand, das generell zu mir ja sagt. Menschen, die im Laufe des Lebens dahin gekommen sind, dass sie auf sich zu beziehen wagen, was im Neuen Testament von Gott zu Jesus gesagt wird: Das ist mein geliebter Sohn (Mt 3,17). Aus der inneren Gewissheit, die langsam gewachsen ist, wird dieses Verständnis des Bibelwortes geboren, nicht umgekehrt.

Es gibt viele Zeugnisse für dieses Phänomen. Man muss da vor allem an all die Menschen, die trotz der Ablehnung durch ihre Mitmenschen ihren Weg unbeirrt gingen. Man kann das sagen von Menschen, die wie man sagt 'für ihren Glauben gestorben sind', aber unauffälliger auch von denen, die die Kraft haben, für etwas einzustehen und sich für etwas einsetzen, was Andere kaum interessiert, ja vielleicht gar lächerlich finden. Es gibt eine religiöse Verankerung, die Menschen fähig macht, ohne auf Anerkennung aus zu sein, ihrem Leben Sinn abzugewinnen.

Den inneren Weg gehen kann zu dieser Sicherheit, Verankerung, und damit auch Unabhängigkeit führen.

Das Altern und der Tod

Altern bedeutet oft Abbau, Veränderung der Persönlichkeit bis zur Unkenntlichkeit und damit Entfremdung von den Nahestehenden. Da fragt man sich: Muss das sein? Warum muss das sein? Oder gar: Wie kann der/die Betroffene dem entgehen? Und es gibt heute die Antwort: zum Beispiel durch rechtzeitiges Sistieren jeder Art von Lebensverlängerung, aber auch durch einen autonomen Suizid. Und es gibt auch den Versuch, das Letztere biblisch-neutestamentlich zu legitimieren mit einem Konzept von, ja mit einem Auftrag des Schöpfers zur autonomen Lebensgestaltung, und so zum Durchhalten eines menschenwürdigen Daseins bis zum Tode.

Ein Defizit, ein Abbau, ein Verlust von etwas misst sich immer an einem Soll, an einem Massstab, an einem Bild von/für etwas. Vordergründig ist bald einmal klar, was dieses Bild ist: es ist das, was wir von einem Menschen gewohnt sind. Im Lauf der Jahre haben wir gelernt/erkannt, was, wer diese eine Person ist, wir haben ein Bild von ihr gewonnen (vergessen aber vielleicht, dass er/sie auch nicht immer so war, sondern so geworden ist).

> [Tieferdringend können wir entdecken, dass wir mit vielen festen Vorstellungen von dem durchs Leben gehen, wie etwas sein muss oder sein sollte. Wir wissen, was schön ist, was gerecht, was eine gute Ehe ist, wie ein Amtsträger sein muss, was die ideale Schweiz ist und eben auch, wie ein Mensch sein muss, oder was menschenwürdig ist. Es gab einen grossen Philosophen, der daraus, dass wir immer solche Vor-Bilder haben, eine umfassende Theorie gemacht hat: Platon 428-348 v.Chr. Nach ihm tragen wir schon immer die Idee in uns davon, was schön, was gut, was gerecht ist und eben auch, was ein Mensch ist. Diese Ideen existieren nach Platon unabhängig von uns, es sind Urbilder, nach ihnen hat der Schöpfer die Welt gestaltet.]

Etwas von diesem Konzept eines ewigen Bildes taucht da wieder auf, wo wir der Überzeugung sind, dass so wie wir die Persönlichkeit eines Menschen kennen, sie sicher auch von Gott gewollt ist. Umso schwerer fällt es uns dann, mitanzusehen, wie dieses Bild von einer Macht (nennen wir sie Natur, Schicksal, Tod oder Gott), die uns übersteigt, zerstört wird.

Aber wenn wir Gott ins Spiel bringen – im christlichen Sinn – dann müssen wir anderes bedenken. Wenn einer sicher kein Platoniker war, also sicher keiner, der mit ewig gleichbleibenden Ideen oder Bildern oder Verhältnissen rechnete, dann ist es Jesus. Nur schon mit seiner so oft wiederholten Aufforderung zur Umkehr, zur Metanoia, zum Umdenken, hat er jede Fixierung eines Menschen auf ein Bild bekämpft. Ein Buchtitel von Dorothee Sölle heisst darum auch ‚Das Recht ein anderer zu werden'.

Nun aber zurück zu dem, was wir gern als Zerstörung der Persönlichkeit im Altersprozess vieler Mitmenschen empfinden. Um auch das christlich zu deuten, müssen wir das Zeugnis „gotterfahrener" Menschen miteinbeziehen. Sie wissen über den Prozess von Sterben und Tod anderes zu sagen. Einer unter diesen ist Paulus, der offenbar von seinen Getreuen in Korinth mit Fragen zu Tod und Leben danach bedrängt wurde.

Eine Passage aus seinem Antwortbrief scheint mir für unsere Belange signifikant. Paulus schreibt:

„Das sage ich, liebe Brüder und Schwestern: Fleisch und Blut können das Reich Gottes nicht erben, noch erbt das Vergängliche die Unvergänglichkeit. Siehe, ich sage euch ein Geheimnis: Nicht alle werden wir entschlafen, alle aber werden wir verwandelt werden, im Nu, in einem Augenblick, beim Ton der letzten Posaune; denn die Posaune wird ertönen, und die Toten werden auferweckt werden, unverweslich, und wir werden verwandelt werden. Denn was jetzt vergänglich ist, muss mit Unvergänglichkeit bekleidet werden, und was jetzt sterblich ist, muss mit Unsterblichkeit bekleidet werden.“ [1 Kor 15.50-53]

‚Fleisch und Blut können das Reich Gottes nicht erben, noch erbt das Vergängliche die Unvergänglichkeit‘. Das heisst: Es muss mit/an uns eine grosse Verwandlung geschehen, wenn wir definitiv zu Gott eingehen. Und dann hat Paulus eine ganz bestimmte Vorstellung: diese Verwandlung wird ‚im Nu‘, in einem Augenblick beim Ton der letzten Posaune‘ geschehen. Und: ‚was jetzt vergänglich ist, muss mit Unvergänglichkeit bekleidet werden‘.

Wichtig ist mir bei meinen Überlegungen die Notwendigkeit der Verwandlung, des Ablegens des Bisherigen, um bereit zu sein für das Kommende, die Unvergänglichkeit. Ich übergehe dieses ‚im Nu‘, ‚in einem Augenblick‘. Hauptsache ist: Wir müssen verwandelt werden, wir werden verwandelt. Vielleicht können die folgenden Überlegungen verständlich machen, warum ich über dieses ‚Nu’ hinweglese.

Umkehr, Umdenken, neu anfangen, Wandlung, Verwandlung, schliesslich auch Erlösung – das sind doch Dinge, die nach dem NT nicht erst in einem fernen Jenseits, sondern hier und jetzt passieren. Nicht nur werde ich aufgerufen zur ständigen Umkehr, Neubesinnung, ich werde auch verwandelt. Darum frage ich: Könnte man das, was eben so oft im Alter geschieht, dieser sog. Abbau, nicht auch christlich verstehen als die Verwandlung, die von Gott her passiert, das Abstreifen der Vergänglichkeit und die Bereitung auf die Unvergänglichkeit, die nach Paulus ein grosses Ereignis und wahrscheinlich auch ein nicht schmerzloses ist. Vielleicht ist es nach unseren menschlichen Begriffen auch nicht immer ganz ‚menschenwürdig‘! Sicher auch nicht total autonom. Es passiert mit uns. Aber wenn Gott der ganz Andere ist, und wenn ich trotzdem zu ihm bete ‚Dein Wille geschehe‘ (weil ich an seine Liebe glaube), dann ist zu erwarten, dass mit mir Dinge passieren, die jenseits meiner bisherigen Vorstellungen und Wünsche liegen. In einer mehr kommerziellen Sprache könnte man es so sagen: Kann ich einem Sponsor gegenüber, der mir etwas gratis überlassen hat (z.B. meine Menschenwürde), ein Recht auf Besitzstandwahrung geltend machen?

Eines ist sicher: Jesus ist nicht ‚menschenwürdig' gestorben! Sicher nicht in dem Sinne, wie Menschen von heute dieses Wort definieren: menschenwürdig handelt ein Mensch da, wo er autonom handelt.
Jesus hat aber gerade damit, mit seiner Art, den Tod auf sich zu nehmen, vielen Menschen geholfen, in schwierigen Umständen einen Sinn zu finden. Er hat auch dem, was man nicht selber bestimmen sondern nur akzeptieren kann, einen Sinn gegeben, also dem ganzen Bereich des ‚Pathischen'. Damit natürlich auch all den Menschen, die ihr Leben nicht oder nur zum Teil autonom gestalten können. Auch da ist Menschenwürde. – Wo kommen wir hin, wenn das Menschenwürdige allein von den Machern bestimmt wird!

Wenn ich meinen Gedankengang in ein Bild umsetzen müsste, dann käme mir das Gedicht von Goethe ‚Erlkönig' gelegen. Der Erlkönig drängt hinein, will etwas von dem Kind, das der Vater nicht will. Der Erlkönig ist dann Gott, der Vater des Kindes ist der Mensch, der bewahren, beschützen, behalten will und der darum nicht mehr versteht, was da passiert. Oder der Vater ist das Ego … Man muss nur das, was im Gedicht in einer mythischen Sprache gesagt wird, ‚entmythologisieren', dann hat das Gedicht auch uns etwas zu sagen.

Nachträge:

Nach Diskussionen über die hier geäusserte Sicht ist mir aufgegangen, dass ich hier ‚non-dual' argumentiert habe und dass deshalb nicht alles so ohne weiteres einleuchtet. Non-dual denken meint – im religiösen, spirituellen Bereich – gewisse geläufige, ja selbstverständliche Unterscheidungen hinterfragen und dann auflösen. Im non-dualen Denken gibt es kein hier und dort, will sagen diesseits und jenseits; es gibt nichts, das

erst im Jenseits geschieht. Gott ist dort und hier, gleichzeitig. [Gott ‚übernimmt' nicht erst am Totenbett.]
Das heisst eigentlich nur, die Zweiteilung rückgängig machen, die das Auftreten einer Kirche, die sich als Stellvertreterin Gottes etablierte und Gott in ein Jenseits verbannte, rückgängig zu machen.

Non-dual denken heisst auch, nicht Geist und Körper trennen. Eine ‚Umkehr' ist nicht etwas rein Geistiges, es betrifft auch, wirkt sich auch aus im Körper. Oder umgekehrt: ‚körperliche' Ereignisse (z.B. eine Krankheit, ein Unfall) können auch geistige/ geistliche Folgen haben). Man wird auch verschiedene sog. Wunder von Jesus besser verstehen, wenn man non-dual denkt. [Dem Begriff ‚non-dual' bin ich zum ersten Mal bei Ken Wilber begegnet. Richard Rohr braucht ihn schon fast selbstverständlich.] In diesem Bereich kommt das Non-Duale dem Psychosomatischen nahe.

Das ist hier nur kurz erklärt. Es braucht schon eine gewisse Übung oder Gewöhnung, non-dual zu denken. Mir scheint aber, aus vielen Berichten oder Beschreibungen von Sterbevorgängen herauszuhören, dass Menschen gerade durch ihre Krankheit dazu kamen, nicht mehr dual zu denken.

Ich habe die vorliegenden Überlegungen niedergeschrieben, als ich mir selber klar werden wollte, wie ich es sehe, nachdem mich das Buch von Hans Küng ‚Glücklich sterben' ganz und gar nicht befriedigt, ja eigentlich aufgeregt hatte. Dazu kam, dass eine Frau der Meditationsgruppe, der ich angehöre, an einem Hirntumor litt und ich die Veränderungen ihrer Erscheinung und ihrer Persönlichkeit und dann ihren Tod miterlebte.

Erlkönig

Wer reitet so spät durch Nacht und Wind?
Es ist der Vater mit seinem Kind;
Er hat den Knaben wohl in dem Arm,
Er fasst ihn sicher, er hält ihn warm.

Mein Sohn, was birgst du so bang dein Gesicht? —
Siehst, Vater, du den Erlkönig nicht?
Den Erlenkönig mit Kron' und Schweif? —
Mein Sohn, es ist ein Nebelstreif. —

„Du liebes Kind, komm, geh mit mir!
Gar schöne Spiele spiel' ich mit dir;
Manch' bunte Blumen sind an dem Strand,
Meine Mutter hat manch gülden Gewand." —

Mein Vater, mein Vater, und hörest du nicht,
Was Erlenkönig mir leise verspricht? —
Sei ruhig, bleibe ruhig, mein Kind;
In dürren Blättern säuselt der Wind. —

„Willst, feiner Knabe, du mit mir gehn?
Meine Töchter sollen dich warten schön;
Meine Töchter führen den nächtlichen Reihn
Und wiegen und tanzen und singen dich ein." —

Mein Vater, mein Vater, und siehst du nicht dort
Erlkönigs Töchter am düstern Ort? —
Mein Sohn, mein Sohn, ich seh' es genau:
Es scheinen die alten Weiden so grau. —

„Ich liebe dich, mich reizt deine schöne Gestalt;
Und bist du nicht willig, so brauch' ich Gewalt." —
Mein Vater, mein Vater, jetzt faßt er mich an!
Erlkönig hat mir ein Leids getan! —

Dem Vater grauset's; er reitet geschwind,
Er hält in Armen das ächzende Kind,
Erreicht den Hof mit Mühe und Not;
In seinen Armen das Kind war tot.

Kontemplation – Mystik – Christ sein

Es gibt heute viele, sehr viele Menschen, die nach einem verinnerlichten Christentum suchen, die einen inneren Weg suchen, die zeitaufwendige Kurse besuchen, um in Kontemplation eingeführt, auf den inneren Weg geführt zu werden, die täglich Zeit reservieren, um in die Stille zu gehen. Es gibt wahrscheinlich mehr sogenannte Laien, die diesen Weg gehen, als Christen, die das zum Lebenskonzept machen und dafür in ein Kloster eintreten. Anders gesagt: Es gibt heute wahrscheinlich weniger Mönche und Nonnen als Leute auf dem inneren Weg. Die Gründe für diese Verlagerung mögen vielfältig sein. Ein Grund dafür ist ganz sicher auch, dass die Ahnung von etwas ganz Anderem in unserem säkularisierten von der Wissenschaft geprägten Leben lebendig geblieben ist. Oder weil die Religion in unserer säkularisierten Welt verschwunden ist, wird sie auf dem inneren Weg gesucht und gefunden. Ein anderer Grund mag sein, dass in den christlichen Kirchen diese Ahnung von einzelnen Suchenden nicht auf ihre Rechnung kommt.

Dass so viele Christen den inneren Weg suchen oder gehen, liegt ganz sicher auch im Christentum selber angelegt. Jesus hat zu einem Weg (der Nachfolge) aufgerufen und Jesus hat seine Gegenwart in unserem Leben versprochen. In Jesus die Gegenwart Gottes erfahren, ja, überhaupt Gott erfahren – das wollen die Menschen, die wir Mystiker nennen. Es gibt einen Strom der Mystik von den Anfängen des Christentums bis in unsere Zeit. Ein Mystiker, eine Mystikerin ist ein(e) Gotterfahrene(r). Von ihren Erfahrungen gibt eine ganze Bibliothek von Büchern Zeugnis. Und viele fühlen sich von ihren Schriften angesprochen. Nur: eigentlich haben wir diese Gotterfahrenen wie von unserer Welt aus geschlossen. indem wir aus ihnen eine eigene Kategorie Christen machten. Da wir, dort die Mystiker/innen. Dabei sind sie doch nur die, die den Weg gefunden haben, Gott zu erfahren, ihm nahezukommen, ihn zu 'spüren'. Und zwar so weit, dass sie von ihrem Leben sagen 'Gott allein genügt', so wie es Teresa von Avila in dem berühmten Gedicht 'Nada te turbe' ausgedrückt hat.

Aber es ist falsch, aus den Mystiker/innen eine eigene Klasse zu machen. Gottes Nähe zu erfahren, nicht nur zu glauben, ist die Berufung jedes Christen. Und es ist auch die Möglichkeit jedes Christen. Es mag sein, dass Menschen, die auf den inneren Weg gehen, genau das spüren: auch ich bin dazu berufen, auch ich kann das! Es ist der Versuch der Realisierung der Ahnung, dass Religion mehr ist als Einhaltung einer Moral und einer Rechnung mit sog. guten Werken. Religion ist Begegnung mit Gott und ist ein 'genug haben an Gott'! Der grosse Theologe des 20. Jahrhunderts, Karl Rahner soll gesagt haben: 'Der Christ der Zukunft ist ein Mystiker oder es gibt ihn nicht mehr'.

Aber es kann auch sein, ja, es ist wahrscheinlich oft so: Die Ahnung ist da, auch vielleicht die Sehnsucht nach der Erfahrung Gottes, aber da kommt etwas dazwischen, nämlich der Einwand: 'Das ist doch nicht für mich'! Ich bin doch nicht fähig, ja vielleicht 'ich bin doch nicht würdig dafür'. Christen haben sich längst angewöhnt, all die wunderbaren Aussagen von Jesus über das neue Verhältnis des Menschen zu Gott und Gottes zu den Menschen weit von sich zu schieben. Kein Gedanke, dass es vielleicht doch wahr sein, auch für mich gelten könnte, diese Zusagen der Freundschaft Gottes mit den Menschen, der Sohnschaft des Menschen bei Gott. Die Freundschaft mit Gott kann nicht zustande kommen, weil Menschen sie sich nicht zumuten!

> Das ist mein Gebot: Dass ihr einander liebt, wie ich euch geliebt habe. Niemand hat grössere Liebe als wer sein Leben einsetzt für seine Freunde. Ihr seid meine Freunde, wenn ihr tut, was ich euch gebiete. Ich nenne euch nicht mehr Knechte, denn der Knecht weiss nicht, was sein Herr tut. Euch aber habe ich Freunde genannt, weil ich euch alles kundgetan habe, was ich von meinem Vater gehört habe. Nicht ihr habt mich erwählt, sondern ich habe euch erwählt und dazu bestimmt, dass ihr euch aufmacht und Frucht bringt und dass eure Frucht bleibt, damit euch der Vater gibt, worum ihr ihn in meinem Namen bittet. Dies gebiete ich euch: dass ihr einander liebt.
> Johannes 15,12-17

Platon, Höhlengleichnis

Einführung

Es gibt von Platon, dem grossen Philosophen des antiken Griechenlands (427-387 v. Chr.) einen berühmten und oft zitierten Text, der im Bilde eine schwierig auszudrückende menschliche Erfahrung wiedergibt. Welche Erfahrung? Das ist zum vornherein nicht eindeutig, und wird von den Benützern des Textes je nach ihrem Anliegen verschieden angegeben. Ganz sicher hat er etwas mit Platons zentralen Lehre von den Ideen zu tun. [Diese besagt, in zwei Sätzen ausgedrückt: Alles, was wir vor uns haben, inklusive wir selbst, geht auf ideelle Vorbilder zurück, diese sind vollkommen, ewig. Die materiellen Dinge sind nur deren unvollkommenen, endlichen Abbilder oder Nachbildungen.]

Man muss wissen, dass Platon seine Lehre prinzipiell nur in - kunstvollen - Dialogen niedergeschrieben hat. Das wird so gedeutet, dass er der Meinung war, dass die Wahrheit selber sich nie in definitive Worte fassen lasse. In diesen Dialogen kommt Platon nie als Dialogpartner vor; die Hauptfigur ist meist Sokrates, wobei die Worte, die er spricht, nicht auf den historischen Sokrates zurückgehen, sondern eben die Meinung oder Sicht Platons wiedergeben.
Der Dialog des folgenden Textes stammt aus dem Werk "Der Staat". Der Hauptgesprächsführer ist Sokrates, sein Gegenüber ein gewisser Glaukon. Weil, wie sich bald einmal zeigt, Glaukon fast nur beipflichtende Sätze sagt, habe ich seine Beiträge in die rechte Spalte versetzt, so dass der Haupttext zusammenhängend gelesen werden kann.

Ich möchte den Text nachher als Umschreibung eines spezifischen Problems von Leuten, die auf einem spirituellen Weg sind, auslegen. Aber es wird wohl bei der Lektüre bald klar, dass viele Menschen die Erfahrung, die im Bilde beschrieben wird, kennen: Wer je eine Art Bildung erhalten hat, wer gelernt hat, "gewöhnliche" Vorgänge auf einer bestimmten Abstraktionsebene zu betrachten, hat oft Mühe, mit Menschen zu kommunizieren, die das eben nicht gelernt haben. Wer z.B. auf dem Laufenden ist über wirtschaftliche Zusammenhänge, wird nicht einfach über Preise schimpfen, sondern Gründe für sie suchen. Wer gelernt hat, die täglichen zwischenmenschlichen Vorgänge mit der Brille der Psychologie zu sehen, wird sie nicht mehr eins zu eins nehmen wie vielleicht sein Gegenüber. Usw.

Platon, Der Staat: Höhlengleichnis

Stelle dir Menschen vor in einer unterirdischen, höhlenartigen Behausung; diese hat einen Zugang, der zum Tageslicht hinaufführt, so groß wie die ganze Höhle. In dieser Höhle sind sie von Kind auf, gefesselt an Schenkeln und Nacken, so dass sie an Ort und Stelle bleiben und immer nur geradeaus schauen; ihrer Fesseln wegen können sie den Kopf nicht herumdrehen. Licht aber erhalten sie von einem Feuer, das hinter ihnen weit oben in der Ferne brennt. Zwischen dem Feuer und den Gefesselten aber führt oben ein Weg hin; dem entlang denke dir eine kleine Mauer errichtet, wie die Schranken, die die Gaukler vor den Zuschauern aufbauen und über die hinweg sie ihre Kunststücke zeigen.

„Ich sehe es vor mir“, sagte er.

Stelle dir nun längs der kleinen Mauer Menschen vor, die allerhand Geräte vorübertragen, so dass diese über die Mauer hinausragen, Statuen von Menschen und anderen

Lebewesen aus Stein und aus Holz in mannigfacher Ausführung. Wie natürlich, redet ein Teil dieser Träger, ein anderer schweigt still.

„Ein seltsames Bild führst du da vor, und seltsame Gefesselte“, sagte er.

Sie sind uns ähnlich, erwiderte ich. Denn erstens: glaubst du, diese Menschen hätten von sich selbst und voneinander je etwas anderes zu sehen bekommen als die Schatten, die das Feuer auf die ihnen gegenüberliegende Seite der Höhle wirft?

„Wie sollten sie“, sagte er, „wenn sie zeitlebens gezwungen sind, den Kopf unbeweglich zu halten?“

Was sehen sie aber von den Dingen, die vorübergetragen werden? Doch eben dasselbe?

Zweifellos

Und wenn das Gefängnis von der gegenüberliegenden Wand her auch ein Echo hätte und wenn dann einer der Vorübergehenden spräche - glaubst du, sie würden etwas anderes für den Sprechenden halten als den vorbeiziehenden Schatten?

„Nein, beim Zeus“, sagte er.

Auf keinen Fall, fuhr ich fort, könnten solche Menschen irgendetwas anderes für das Wahre halten als die Schatten jener künstlichen Gegenstände.

„Das wäre ganz unvermeidlich“, sagte er.

Überlege dir nun, fuhr ich fort, wie es wäre, wenn sie von ihren Fesseln befreit und damit auch von ihrer Torheit geheilt würden; da müsste ihnen doch naturgemäß folgendes widerfahren: Wenn einer aus den Fesseln gelöst und genötigt würde, plötzlich aufzustehen, den Hals zu wenden, zu gehen und gegen das Licht zu schauen, und wenn er bei all diesem Tun Schmerzen empfände und wegen des blendenden Glanzes jene Dinge nicht recht erkennen könnte, deren Schatten er vorher gesehen hat - was meinst du wohl, dass er antworten würde, wenn ihm jemand erklärte, er hätte vorher nur Nichtigkeiten gesehen, jetzt aber sei er dem Seienden näher und so, dem eigentlichen Seienden zugewendet, sehe er richtiger? Und wenn der ihm dann ein jedes von dem Vorüberziehenden zeigte und ihn fragte und zu sagen nötigte, was das sei? Meinst du nicht, er wäre in Verlegenheit und würde das, was er vorher gesehen hat, für wahrer halten als das, was man ihm jetzt zeigt?

„Für viel wahrer“, erwiderte er.

Und wenn man ihn gar nötigte, das Licht selber anzublicken, dann schmerzten ihn doch wohl die

Augen, und er wendete sich ab und flöhe zu den Dingen, die er anzuschauen vermag, und glaubte, diese seien tatsächlich klarer als das, was man ihm jetzt zeigt?

„Für viel wahrer“, erwiderte er.

Und wenn man ihn gar nötigte, das Licht selber anzublicken, dann schmerzten ihn doch wohl die Augen, und er wendete sich ab und flöhe zu den Dingen, die er anzuschauen vermag, und glaubte, diese seien tatsächlich klarer als das, was man ihm jetzt zeigt?

„Es ist so“, sagte er.

Schleppte man ihn aber von dort mit Gewalt den rauhen und steilen Aufgang hinauf, fuhr ich fort, und ließe ihn nicht los, bis man ihn an das Licht der Sonne hinausgezogen hätte - würde er da nicht Schmerzen empfinden und sich nur widerwillig so schleppen lassen? Und wenn er ans Licht käme, hätte er doch die Augen voll Glanz und vermöchte auch rein gar nichts von dem zu sehen, was man ihm nun als das Wahre bezeichnete?

„Nein“, erwiderte er, „wenigstens nicht im ersten Augenblick.“

Er müsste sich also daran gewöhnen, denke ich, wenn er die Dinge dort oben sehen wollte. Zuerst würde er wohl am leichtesten die Schatten erkennen, dann die Spiegelbilder der Menschen und der andern Gegenstände im Wasser und dann erst sie selbst. Und daraufhin könnte er dann das betrachten, was am Himmel ist, und den

Himmel selbst, und zwar leichter bei Nacht, indem er zum Licht der Sterne und des Mondes aufblickte, als am Tage zur Sonne und zum Licht der Sonne.

„Ohne Zweifel."

Zuletzt aber, denke ich, würde er die Sonne, nicht ihre Spiegelbilder im Wasser oder anderswo, sondern sie selbst, an sich, an ihrem eigenen Platz ansehen und sie so betrachten können, wie sie wirklich ist.

„Ja, notwendig", sagte er.

Und dann würde er wohl die zusammenfassende Überlegung über sie anstellen, dass sie es ist, die die Jahreszeiten und Jahre herbeiführt und über allem waltet in dem sichtbaren Raume, und dass sie in gewissem Sinne auch von allem, was sie früher gesehen haben, die Ursache ist.

„Offenbar", sagte er, „würde er nach alledem so weit kommen."

Wenn er nun aber an seine erste Behausung zurückdenkt und an die Weisheit, die dort galt, und an seine damaligen Mitgefangenen, dann wird er sich wohl zu der Veränderung glücklich preisen und jene bedauern - meinst du nicht?

„Ja, gewiss."

Die Ehren aber und das Lob, das sie einander dort spendeten, und die Belohnungen für den, der die vorüber ziehenden Schatten am schärfsten erkannte und der sich am besten einprägte, welche von ihnen zuerst, und welche danach, und welche gleichzeitig vorbeizukommen pflegten, und daraus am besten vorauszusagen wusste, was jetzt kommen werde - glaubst du, er sei noch auf dieses Lob erpicht und beneide die, die bei jenen dort in Ehre und Macht stehen? Oder wird es ihm so gehen, wie Homer sagt, dass er viel lieber auf *dem Acker bei einem armen* Mann im Taglohn *arbeiten und* lieber alles Mögliche erdulden will, als wieder in jenen Meinungen befangen sein und jenes Leben führen?

„Ja, das glaube ich“, sagte er. „Lieber wird er alles andere ertragen als jenes Leben.“

Denke dir nun auch folgendes, fuhr ich fort: Wenn so ein Mensch wieder hinunterstiege und sich an seinen alten Platz setzte, dann bekäme er doch seine Augen voll Finsternis, wenn er so plötzlich aus der Sonne käme?

„Ja, gewiss“, erwiderte er.

Wenn er dann aber wieder versuchen müsste, im Wettstreit mit denen, die immer dort gefesselt waren, jene Schatten zu beurteilen, während seine Augen noch geblendet sind und sich noch nicht wieder umgestellt haben (und diese Zeit der Umgewöhnung dürfte ziemlich lange dauern), so würde man ihn gewiss auslachen und von ihm sagen, er komme von seinem Aufstieg mit verdorbenen Augen zurück und es lohne sich nicht, auch nur versuchsweise dort hinaufzugehen. Wer aber Hand anlegte, um sie zu befreien und hinaufzuführen, den würden sie wohl umbringen, wenn sie nur seiner habhaft werden und ihn töten könnten.

„Ja, gewiss", sagte er.

Dieses ganze Gleichnis, mein lieber Glaukon, fuhr ich fort, musst du nun an das anknüpfen, was wir vorhin besprochen haben. Die durch das Gesicht uns erscheinende Region setze dem Wohnen im Gefängnis und das Licht des Feuers in ihr der Kraft der Sonne gleich. Und wenn du nun den Aufstieg und die Betrachtung der Dinge dort oben für den Aufstieg der Seele in den Raum des Einsehbaren nimmst, so wirst du meine Ahnung nicht verfehlen, die du doch zu hören wünschest. Gott aber mag wissen, ob sie richtig ist. Meine Ansicht darüber geht jedenfalls dahin, dass unter dem Erkennbaren als letztes und nur mit Mühe die Idee des Guten gesehen wird; hat man sie aber gesehen, so muss man die Überlegung anstellen, dass sie für alles die Urheberin alles Richtigen und Schönen ist. Denn im Sichtbaren bringt sie das Licht und seinen Herrn hervor; im Einsehbaren aber verleiht sie selbst als Herrin Wahrheit und Einsicht. Sie muss man erblickt haben, wenn man für sich oder im öffentlichen Leben vernünftig handeln will.

Mögliche Interpretation

Wie eingangs gesagt, ist das Gleichnis schon ganz verschieden interpretiert und als Ausdruck für viele Interessen gebraucht worden. Es wird aber auch in der Philosophie diskutiert, was denn den Autor dazu gebracht hat, so etwas zu schreiben, zu beschreiben. Ist es ein rein philosophische Theorie - also aus dem Denken geborene - ins Bild gefasst? Oder steht da eine spirituelle Erfahrung dahinter? Die Frage wird sich nie endgültig beantworten lassen. Nur Platon selber könnte Antwort geben.

Wie dem auch sei, wer einen spirituellen Weg geht, kann sich in diesem Bild sicher wiedererkennen, fühlt hier verschiedene Erfahrungen ausgedrückt. Es ist durchaus legitim, ein gutes Bild, ein stimmiges Gleichnis als Ausdruck eigener Erfahrung zu interpretieren, solange man nicht in Anspruch nimmt, damit das Denken des Autors wiederzugeben.

Ich sehe im Höhlengleichnis von Platon eine eminent spirituelle Erfahrung ausgedrückt; besser kann man kaum die Tatsache umschreiben, dass mit dem Weiterschreiten auf diesem Weg je die geistigen - wenn man es philosophisch genauer will: die bewusstseins-mässigen - Voraussetzungen verändert werden. Mann und Frau, die diesen Weg gehen, erfahren, dass sich ihr Standpunkt ändert, von dem aus sie Welt, Dinge und Menschen sehen. Es kommt nicht nur Neues hinzu, Wissen, sondern die Sehweisen verändern sich. Auch die Urteile!

Das Höhlengleichnis drückt das aus mit dem Sich-umdrehen-können, mit dem Verlassen des ursprünglichen Stand- und Sehortes, mit dem Hinausgehen ins Freie, mit dem Blick zur Sonne. Das alles, jeder Schritt wird als ein Fort-Schritt gedeutet. Erfahren wir nicht auch auf dem spirituellen Weg Fortschritte als Befreiungsschritte und auch als ein je Bessersehen?

Das erfahren auch jene Leute, die befreit worden sind und den Weg ins Freie fanden. Aber fern davon, die Befreiung als Eigenleistung zu sehen und sich etwas darauf einzubilden, erwacht in ihnen der Wunsch, auch die anderen da unten in der Höhle hinaufzuholen.

Die Erfüllung dieses Wunsches, die Bemühung, andere an der neuen Erfahrung teilhaben zu lassen, wird nun aber mit einer bitteren Erfahrung konfrontiert: Mann und Frau wird nicht verstanden. Es hat sich unversehens eine - fast unüberwindliche - Distanz ergeben.

Auf diesen Punkt möchte ich mein Augenmerk richten. Ich kenne kaum eine Darstellung menschlicher oder spiritueller Erfahrungen, die so plastisch dieses Problem darstellt: Wer den Weg geht, entfernt sich. Man wird nicht mehr verstanden. Man wird auch nicht verstanden, wenn einem die Dinge von unten in der Höhle nicht mehr so wichtig sind, sondern etwas anderes. Aber was soll dieses Andere schon sein für den, für die, die es nicht kennen, keine Erfahrung davon haben!

Der spirituelle Weg führt in die Einsamkeit! Ist es das, was Jesus meint, wenn er sagt: Ich bin nicht gekommen, Frieden zu bringen, sondern das Schwert. Gekommen bin ich, um zu entzweien: den Menschen und seinen Vater, die Tochter und ihre Mutter... (Mt 10.43-35)

Es bleibt vielleicht eine bestimmte Wertschätzung für diese immer friedlicher werdenden Leute, die da so von innen heraus leben, aber irgendwie sind sie nicht mehr ganz da, haben sie das eigentliche Leben verlassen - oder nicht kapiert. Kann man sie noch brauchen? - Wer sieht nun die Welt, das Leben, die Menschen richtig, wer falsch?

Katzenpredigt

Ich möchte zuerst von meiner, von unserer Katze sprechen. Verzeihen Sie, dass ich mit so was Unreligiösem anfange.

Sie wissen vielleicht, wie Katzen sind, sonst lernen Sie es jetzt. Unsere Dodo ist in vielem typisch, in einigem aber sehr individuell, ja persönlich. Wir haben sie im Tierheim geholt, wo schlecht behandelte und besitzerlose Tiere gesammelt werden. Dodo muss von Menschen ziemlich schlecht behandelt worden sein, denn kaum war sie in unserer Wohnung, rannte sie unter unsere Betten, wo sie einen Monat lang blieb. Das Essen stellten wir ihr unter die Betten, nachts muss sie sich hervorgeschlichen haben, um das bereitgestellte Katzenklo zu benutzen. War sie früher schlecht behandelt worden oder hatte sie einfach Mühe, sich uns anzuvertrauen? Man projiziert in einem solchen Moment vieles.

Nur allmählich kam sie etwas näher, vor allem um sich streicheln zu lassen. Aber nie ohne die schützenden Betten über sich. Ja und dann hat sie es entdeckt: in einem unbewachten Moment floh sie durch die offen gebliebene Terrassentür und ward nicht mehr gesehen. Wir suchten überall, tagelang, bis wir sie in einem nahen, hoch mit Gras bewachsenen Feld sichteten. Sie reagierte zwar auf unsern Ruf, kam aber nicht näher. Aber einmal schlich sie sich wieder in die Wohnung hinein – unter die Betten. Sie brauchte uns also, und vertraute uns schon ein wenig. Dann wurde sie langsam, langsam zutraulicher. Aber das Ganze hat zwei Monate gedauert. Irgendeinmal muss sich Dodo für uns entschieden haben.

Die weiteren Schritte der Annäherung will ich hier nicht darlegen, lieber noch etwas über das Leben mit ihr sagen. Sie wissen ja, man kann einer Katze nichts vorschreiben, sie hat kein Über-Ich, wo sie es speichern könnte. Darum ist sie auch nicht nachtragend. Aber wenn man eine Katze auch kaum erziehen kann, gibt es gibt doch kleine Schritte der Annäherung und des gegenseitigen Verstehens. Mit ihren Bewegungen im Raum, mit ihren Tönen, mit ihrer Körperhaltung gibt Dodo etwas zu verstehen. Und ich kann Dodo auch von mir aus etwas zu verstehen geben. Aber es braucht sehr viel Zeit, auch viel Einfühlungsvermögen, Geduld, bis man wieder etwas Neues verstanden hat. Es ist ein langsames Sich-besser-verstehen. Damit geht einher, dass man immer mehr aufeinander angewiesen ist. Aber ich muss sagen, dass ich durch diese gegenseitige Annäherung in kleinsten Schritten generell eine neue Einstellung zu den Tieren bekommen habe. Ich finde dieses Leben mit einem Tier faszinierend.

Jetzt muss ich aber die Katze aus dem Sack lassen, d.h. ich muss endlich sagen, warum ich von meiner Katze rede. Die Antwort ist: Ich meine, dieser Prozess der Annäherung zwischen der Katze Dodo und mir und meiner Frau habe eine gewisse Ähnlichkeit mit dem Prozess der Annäherung von mir zu Gott. Ich muss das schon im Einzelnen zeigen, wenn Sie diesen für Sie wohl überraschenden Vergleich verstehen sollen.

Am Anfang stand auch ein grosses Missverständnis zwischen mir und Gott. Ich hatte das untrügliche Gefühl: der will nichts von mir wissen, wir sind uns fremd. Nach langer, langer Zeit nahm ich an wiederholten kleinen Zeichen wahr, dass ich ihm oder er mir doch nicht nur fremd war. Aber es blieb lange eine grosse Distanz. Zumindest in meinem Kopf. Es ging Jahre – viel, viel länger als mit Dodo – bis ich merkte: Da entwickelt sich so etwas wie eine Sprache zwischen uns. Mit nur ganz wenigen Zeichen, und nicht mit eindeutigen, ich interpretierte sie immer wieder falsch. Schuld an der Fehlinterpretation war vor allem Angst und auch Abgelagertes aus meiner Erziehung, der familiären und der kirchlichen. Ich musste lernen, dass da überhaupt eine Sprache war – natürlich nicht die der Dogmatik – und dass es Fortschritte im Verstehen geben kann.

Wenn das nur Ähnlichkeiten mit der Katze sind, gibt es doch eine grosse Übereinstimmung: Auch Gott kann ich kein Über-Ich einpflanzen; er ist total dagegen resistent! Da gilt nur: Freiheit gegen Freiheit. Das Über-Ich ist eine Erfindung der

Menschen (aber für das menschliche Zusammenleben brauchen wir es unbedingt!). Und dann auch dies: Dodo kann auch heute noch, wo wir doch wirklich einigermassen vertraut sind miteinander, einfach mal so achtundvierzig Stunden weg sein. (Gott kann es noch länger!) Auch kann sie unverhofft einen neuen Liegeplatz wählen, etwas Neues finden oder erfinden. Man muss sie damit rechnen, dass man ihr immer wieder an einem anderen Ort begegnet. Aber trotz all diesen Unabwägbarkeiten in der Beziehung kommt es mir vor, als bräuchten wir einander: Dodo mich und ich Dodo und ich Gott und sogar Gott mich.

Aber ich will dieses Bild nicht länger strapazieren. Und ich möchte um Verzeihung für diesen doch sehr, sehr gewagten Vergleich bitten. Ich weiss bei aller erahnten Ähnlichkeit die Unterschiede zu sehen. – Keiner der am Prozess Beteiligten wird je meinen, den Anderen ganz verstanden zu haben.

Wahrscheinlich haben Sie keine Dodo zu Hause, vielleicht auch überhaupt keine Katze. Aber damit nicht alles, was ich ausgeführt habe, für die Katze ist, frage ich Sie: Wie würden Sie die Kommunikation, die Beziehung, den Austausch, die Sprache zwischen Ihnen und Gott umschreiben? Wir müssen doch in Bildern, Vergleichen, ja Gleichnissen reden, es geht nicht anders.

Noch eine Erfahrung, die als Bild taugen könnte: Kaum hatten wir uns aneinander gewöhnt, Dodo und wir, kaum lebten wir gut miteinander, da haben wir Dodo verlassen, einer fremden Obhut überlassen, um zwei Wochen Ferien zu machen. Wir wollten uns doch nicht ganz von ihr bestimmen lassen. Ein schlechtes Gewissen hatten wir schon irgendwie. Und wir fragten uns: Wie würde sie uns empfangen, wenn wir nach Hause kommen? Würde sie überhaupt noch hier oder wieder ausgerissen sein? – Ihre Freude war so gross, dass sie die ganze Nacht über ins Schlafzimmer kam, uns mit ihrem Katzenton weckte, unter unseren Betten durchging, und am Morgen die ganze Zeit um unsere Beine strich. Sie hatte sich nun einmal für uns entschieden!

MIX
Papier aus verantwortungsvollen Quellen
Paper from responsible sources
FSC® C105338

Printed by Books on Demand GmbH, Norderstedt / Germany